AF563482

www.ingramcontent.com/pod-product-compliance
Lightning Source LLC
LaVergne TN
LVHW062247240826
846485LV00005B/50
* 9 7 8 1 7 7 8 1 2 3 4 6 7 *

ألجمهورية الخامسة :

ألحلّ للمعضلة اللبنانية

الأب د. ميخائيل روحانا الأنطوني

ألجمهورية الخامسة :

ألحلّ للمعضلة اللبنانية

تحْويل المفاهيم الدستورية

لخير الصَالح العَام وكرامَة الإنسَان

تورنتو - كندا ، ٢٠٢٢

— طبعة ثانية منقّحة، بيروت ٢٠٢٣ —

العنوان : أَلجمهورية الخامسة: أَلحلّ للمعضلة اللبنانية
تحْويل المفاهيم الدستورية لخير الصالح العام وكرامة الإنسان .
المؤلف : الأب د . ميخائيل روحانا الأنطوني
هاتف : كندا : 4837 788 437 1+
لبنان : 367247 81 961+
email : bounamichel@gmail.com
ISBN : 978-1-7781234-6-7

الحجم : ١٧ x ٢٤ سنتمتر
الطبعة : الثانية (منقّحة): تشرين ثاني ٢٠٢٢
عدد الصفحات: ١٢٨

تصميم الكتاب والطباعة: المؤلف
الغلاف: **لبنان ، الفينيق القائم من ظلمة رماده أبدًا .**
تصميم: مارون خليل

المحتويات

الجزء الأول

الجزء الثاني

إهداء وشكر

أهدي كتابي هذا إلى أرواح الشهداء الأبرياء كافة ، الذين سقطوا منذ سقوط الحقّ في «مدينة السلام» إلى سقوط الأمن والأمان في لبنان . شهداء سقطوا ولا يزالون يسقطون في الشرق الأوسط ، دماءُ وَقِدٍ لـمُحرقةٍ لا تزال تتجدّد على مرّ العصور ، مُحرقةٌ تُقدَّمُ على مذبح آلهة العنصرّية والسلطة والمال .

أهديه خصوصًا إلى أرواح الأمّهات اللواتي يندبن فلذات أكبادهنّ منذ بكتْ راحيلُ أبناءها بسبب خوف الإنسان الظالم من ولادة الحقّ وما زلن يندبن حتى اليوم .[(١)]

أهديه إلى الحقّ المولود دومًا والمُضحّى به في كل حين بحكم أن كل متسلّط يريدُه أن يولد في زمن غيره ، لا في زمنه ، والإشكالية إشكالية الوقتِ المناسب . أفلا يمكنُنا أن نتحكّم في الوقت والمناسبة في جدلية تجعلُ الحقّ يناسبُ الأنا والآخر في الوقت نفسِه أنّى ومتى يولدُ هذا الحق ؟ أم أنَّ كل داعية لهذه الجدلية عليه أن يُصلب يدٌ مسمّرة على الأنا العنصرية والأخرى على الحق ؟

---

(١) مت ٢ ، ١٦-١٨ . فلما رأى هيرودس أن المجوس سخروا منه ، استشاط غضبا وأرسل فقتل كل طفل في بيت لحم وجميع أراضيها ، من ابن سنتين فما دون ذلك ، بحسب الوقت الذي تحققه من المجوس . فتم ما قال الرب على لسان النبي إرميا: «صوت سمع في الرامة بكاء ونحيب شديد راحيل تبكي على بنيها وقد أبت أن تتعزى لأنهم زالوا عن الوجود .»

أهديه إلى أرواح شهداء اتفاق الطائف منذ توقيعه ،[٢] حتى يوم أُدخل إلى قصر الرئاسة في «بعبدا» ، وحتى يوم اغتيل مع اغتيال عرّابه عاشق لبنان ، المغفور له الشهيد الشيخ رفيق الحريري ، الذي استُشهد يوم عيد العُشّاق ، ١٤ شباط ٢٠٠٥ .

وأشكر جميع الذين عاونوني من قريب أو من بعيد ، بين عامي ١٩٨٥ و١٩٨٧ ، في صياغة كتاب الجمهورية الثانية ونَقدِه ، وهو الكتاب الذي فوجئ كل من قرأه من شدّة التقارب بين بنوده ومعظم بنود نص اتفاق الطائف ، إضافةً إلى أن الطبعة الأولى منه قد نُشرت في أيار ١٩٨٧ ، أي

(٢) وهو اتفاق وقف إطلاق النار النهائي الذي أبرم في مدينة الطائف بالمملكة العربية السعودية بين مختلف الميليشيات المتصارعة في لبنان . مهندسه كان رفيق الحريري الذي أصبح فيما بعد رئيس وزراء لبنان . لم يكن بالإمكان تمرير هذا الاتفاق دون موافقة الرئيس السوري حافظ الأسد لأن النقطة الرئيسية فيه كانت توقيت إعادة الانتشار ثم الانسحاب الكامل للجيش السوري من لبنان . فيما بعد تم تعديل الدستور اللبناني وفق بنود هذا الاتفاق . عُزّزت بشكل أساسي صلاحيات رئيس الوزراء (مسلم سني) على حساب صلاحيات رئيس الجمهورية (مسيحي ماروني) ، وتحوُّل النظام اللبناني من شبه رئاسي إلى شبه برلماني / أحادي المجلس . كان الغرض منه تقليص النفوذ المسيحي الماروني التاريخي في النظام اللبناني ، ولكنه انتهى مع حكومة رفيق الحريري ، وبالتالي حكومات ما يُسمى الحكم المجلسي المطلق . كان العماد ميشال عون ، رئيس الأمر الواقع آنذاك ورئيس الحكومة العسكرية ، قد رفض اتفاق الطائف بالمطلق وأدى رفضه إلى تحالف دولي للتغطية على الغزو السوري للأراضي اللبنانية التي كانت لا تزال متحرّرة من الهيمنة السورية ، وإخراج عون من القصر الرئاسي . حدث هذا في ١٣ تشرين الأول (أكتوبر) ١٩٩٠ . نُفي عون إلى فرنسا ، وبعد ذلك بحين اعتقل رئيس حزب القوات اللبنانية سمير جعجع وسُجن وحُلّ حزبه وبخاصة جناحه العسكري .

بالتزامن مع إشكالية الاتفاق الثلاثي .[٣]

كما أشكر الذين ساهموا في تـيْويم نسخة ٢٠٠٦ وأخص منهم واضع مقدمة هذا الكتاب أخي الرهباني ، المغفور له ، الأب الدكتور جورج رحمه الأنطوني (+) والأصدقاء الذين هم جزءٌ لا يتجزأ مني: العلاّمة وهيب كيروز(+) ، الدكتور يوسف مارون (+) ، الدكتور جورج مارون ، المربي والكاتب جوزيف خريش .

وأخيرا أشكر من ساهموا معي خلال الشهرين الأخيرين ، في ظل الظروف السياسية الاقتصادية المشؤومة التي يمرّ بها لبنان دولةً وشعبا ، بتأوين هذه النسخة باللغة الإنجليزية تمهيدا لرفع نظرية «أالجمهورية الخامسة: أالحل للمعضلة اللبنانية» ، إلى أعلى المراجع الأممية ، عساها تلهمهُم التدخل لتصحيح مسار لبنان ، وهم الدكتور وسام حكمت فرجو والاختصاصيَّين غورد نيكسون (Gord Nixon) وهاريات موستِرت (Harriette Mostert) ، وكلي ثقة بأن تعبهم كما تعب كل من ذكرتهم (على مدى خمسٍ وثلاثين عاما) لن يذهب سدى .

---

(٣) اتفاق بدأ التحضير له منذ الاحتلال الإسرائيلي للنصف الجنوبي من لبنان بما في ذلك بيروت . كان الاتفاق الثلاثي الموقّع في ٢٨ كانون الثاني ١٩٨٥ اتفاقًا قصير الأجل بين الفصائل اللبنانية المتناحرة الثلاثة الرئيسية ، تم توقيعه في دمشق ، سوريا ، لإنهاء الحرب الأهلية اللبنانية . سمح الاتفاق لوجود عسكري سوري لحفظ السلام في لبنان ، ومنح سوريا نفوذاً قوياً على الشؤون اللبنانية . الفصائل الثلاثة المعنية هي حركة أمل الشيعية والحزب التقدمي الاشتراكي والقوات اللبنانية المسيحية . وقع الاتفاق من قبل نبيه بري ووليد جنبلاط وإيلي حبيقة نيابة عن الميليشيات الثلاث على التوالي ... عارض رئيس أركان القوات اللبنانية سمير جعجع الاتفاق . تدهور الوضع إلى الصراع العنيف بين جعجع وحبيقة ، مما أدى إلى فرار حبيقة في ١٥ كانون الثاني (يناير) ١٩٨٦ . وتولى سمير جعجع وكريم بقرادوني قيادة القوات اللبنانية .
Cf . https://en .wikipedia .org/wiki/Tripartite_Accord_(Lebanon) [Acc . Jan . 2022]

أثق اليوم ، أكثر من أي وقت مضى ، بأن في هذا الكتاب الحل للمعضلة التي أوصلت لبنان إلى ما هو عليه اليوم ، ويؤمل منه أن يُساهم أيضا في حل معضلات بلدان أخرى تشبهه في التعددية وتصبو للديمقراطية التوافقية الحقيقية ، سواء قامت هذه التعدّدية على أديانٍ مختلفة أم مذاهب وإتنيات تتشارك الدِين الواحد .(٤)

---

(٤) يلي نظرة عامة عن مكونات الفسيفساء اللبنانية تفيد للمقارنة مع البلدان الأخرى . «تؤدي الدولة اللبنانية فروض الإجلال لله تعالى (المادة ٩ من الدستور) ، وهو إله إبراهيم وإسحاق وإسماعيل ويعقوب . تسكن في لبنان ثماني عشرة طائفة (أو مذهب) معترف بها قانوناً . المجموعتان الرئيسيتان هما مسيحيون ومسلمون . من الناحية المسيحية ، لدينا: الموارنة والروم الأرثوذكس والملكيون والأرمن الأرثوذكس والأرمن الكاثوليك والسريان الأرثوذكس والسريان الكاثوليك والآشوريون والكلدان والأقباط الكاثوليك والأقباط الأرثوذكس والإنجيليون والمعمدانيون . في الجانب الإسلامي لدينا: سنة وشيعة ودروز . بالإضافة إلى ذلك ، يشكل اليهود والعلويون أيضًا طوائف قانونية تقليدية . كل الطوائف المذكورة أعلاه منفصلة ، وتعبد الإله نفسه المذكور أعلاه . والأهم الذين لعبوا دورًا تاريخيًا في تشكيل لبنان كدولة في شكله الحالي هم: الموارنة ، السنة ، الشيعة ، الدروز ، الروم الأرثوذكس والملكيون . تصر هذه المجموعات التاريخية الست الرئيسية التي تمثل القوى التقليدية على إبقاء شعلتها مضاءة من أجل الحفاظ على احترامها الذاتي الإقطاعي . تصبح هذه مسألة نموذج مجتمعي وشراكة . الآن يمكن للمرء أن يفهم مدى تعقيد الوضع اللبناني . كيف يمكن تلبية هذه المكونات الرئيسية الستة بالإضافة إلى الاثنتي عشر الأخرى ؟ بفضل التطور العالمي السريع والعولمة باتت جميعها ذات أهمية معيّنة تدعمها فيه الدول الخارجية القوية ، وتطالب بالحق في الحصول على دور منظور وثقل في إدارة الدولة ؟ إنها مسألة الأنا الجماعية المركزية ، عرقية و/ أو إقطاعية ، وهي مسألة عرفت الامبراطورية العثمانية تمامًا كيفية استغلالها لتقسيم المجموعات على بعضها وإبقائها كلها تحت هيمنة السلطان . كيف يمكن إرضاء احترام الذات لجميع هذه المجموعات مع الاستمرار في تطبيق ما هو مناسب لجمهورية ديمقراطية حديثة يكون فيها الصالح العام وحقوق الإنسان في المقام الأول ؟

مقدمة تاريخية

للأب الدكتور جورج رحمه الأنطوني

الجمهورية الخامسة: بعد فشل جمهورية الاستقلال الأولى وجمهورية الطائف الثانية ، وفي توقُّع لفشل الجمهوريَّتين الثالثة والرابعة إن لن ترتقيا إلى صعيد المثل الأصيلة وإلى فهم موضوعي صحيح للتاريخ - هي مقاربة للوضع السياسي اللبناني من منظور المؤلِّف ، الراهب الذي يستوحي روحانية رهبانيّته الأنطونية المارونية: روحانية النسك والرسالة ، المتميّزة بالطيبة والوداعة والرحمة في خدمة الله والانسان ، والعاملة في عمق وانفتاح وتنظيم الأوّليّات ، والتي شدّتْ فضائلُ رهبانها الشهامة العربية المتمثلة بآل أبي اللمع وآل مزهر الدروز ، وبفرع كبير من آل شهاب المسلمين ...

هذه المقاربة تنطلق من المُثُل السميا الأصيلة: الواحد ، الحق ، الخير ، الجمال؛ الطيبة الوديعة الرحومة؛ الانفتاح على الآخرين؛ الحدب على الفقراء؛ من ضمن إنتاجية بارزة جعلت عهد المتصرّفية مرقد عنزة هنيًّا .

يلاحظ المؤلِّف ، بأسًى ، أن مُثُلاً بينية *paradigms* حلّت محلّ المُثُل الأصيلة: الطائفية محل الانسانية المتديِّنة ، الإقطاعية محل الديمقراطية ، المناطقية محل الوطنية ، الأصولية محل الاعتدال ...

ثم يحاول أن يلفت نظر اللبنانيين ، في مطلع الألفية الثالثة ، إلى وجوب التخلي عن التاريخ الذاتي *subjective* وعن الذاكرة الجماعية التي لا تُنتج إلا أجسامًا مضادة *antibodies* سلبية في جوهرها ، ليعرض أمامهم نظرة جديدة إلى سيرورة التاريخ اللولبية . فهو يرى أن الحضارات توالت على

أرض الوطن اللبناني الواحدة تلو الأخرى ، من دون أن تتمكن الواحدة من أن تمحو آثار الأخرى ... وبالتالي سخيفٌ كل من تزمّت واعتقد أنه من الممكن العودة بلبنان إلى أزمان غابرة حيث يسوغ له ، كشخص أو كجماعة ، كدين أو كإثنية ، بعظمته وجبروته ، أن يعود ليشكّل ألف التاريخ ويائه ، يُقفله على ذاته ويدفن نفسه فيه .

ويتساءل المؤلف: أي لبنان نريد ؟ ويأتي جوابه جازمًا حازمًا: في لبنان الذي نريده لا حضارة تحت ولا حضارة فوق ، لا دين فوق ولا دين تحت ، لا عائلة تحت ولا عائلة فوق ، لا إقطاعية ولا مناطقية ، ولا حزبية – فئوية أصولية ، إنما أمة واحدة لبنانية يتكامل فيها الجميع متكافئين، متكائنين، على نحوٍ محوري في سياق حركة لولبية للتاريخ حول لب هذا الكيان الذي هو كرامة الشعب المبنية على حق الإنسان في الحياة ، وحرّية المعتقد وحرّية التعبير ، والمشاركة العادلة في تقرير مسار يؤدّي بالجميع إلى مصير كريم واحد .

يحوي الكتاب رسومًا بيانية لم يتطرّق إليها من قبل أحد من المهتمّين بالوضع اللبناني . وسندع القارئ يكتشف خطوةً خطوة هذه الدراسة المقارنة بين نصّ الجمهورية الثانية ووثيقة الطائف ، من أجل دستور جديد لـ «جمهورية لبنان الخامسة» .

مبادئ هذه الجمهورية تعتبر الإنسان المقياس الأوّل والأساسي للعمل السياسي ، من ضمن نظام لا طائفي للدولة يؤمّن كرامة المواطنين وصالحهم العام ، فرادى وجماعات ، ويحترم كل بنود الدستور المتعلّقة بالطوائف وحقوقها وواجباتها ، وفي جوّ من المساواة والعدالة ، ولكن مع تمايز الطوائف الستّ الأساسية ، حتّى إشعار آخر ، بمساواة سياسية على صعيد وظائف الرئاسات الأولى .

نواة هذا النظام الشعب الذي ينتخب بموجب قانون انتخابات عصري يعتمد مبدأ النسبية ، مجلسًا للنواب ، وآخر للشيوخ ، وثالثًا اقتصاديًّا – اجتماعيًّا .

تشكّل هذه المجالس الثلاثة مجتمعة مجلس الشعب الذي له مداره الخاص (مدار مجلس الشعب) وهو الأقرب من نواة الجمهورية الخامسة أي كرامة الإنسان .

المدار الذي يليه يجمع السلطة التنفيذية ، وعلى رأسها رئيس الوزراء ، مع المعارضة والنقابات والأحزاب .

المدار الثالث هو مدار المؤسّسات القضائية ،

أما الرابع (الخارجي) فمخصّص لرئيس الجمهورية وقائد الجيش .

> في الجمهورية الخامسة كل الرئاسات خدمة متساوية ، والطوائف الستّ متساوية في الحقوق ، تتشارك في الحكم من دون تحديد أي كرسي لأي طائفة . فرئاسة الجمهورية هي لأي لبناني من هذه الطوائف الستّ ، وهكذا رئاسة مجلس النوّاب ، ورئاسة مجلس الوزراء ، ورئاسة مجلس الشيوخ ، ورئاسة المجلس الاقتصادي- الاجتماعي ، وقيادة الجيش ، بشرط وحيد هو ألّا يحتلّ مسؤوليّتين شخصان من طائفة واحدة في الوقت نفسه. (ص. ٧٧) .

كيف ؟ الطرح مثير للاهتمام ، ونترك للقارئ أن يتابعه في هذا الكتاب الدستوري - السياسي الخارج عن المألوف والذي يحلّ ، في نظرنا ونظر المؤلّف ، مشكلة الطائفية السياسية في لبنان .

٢٠٠٦/١/٢١

+ الأب جورج رحمه الأنطوني

لماذا هذا الكتاب ؟

«نظرية الجمهورية الخامسة: تاريخية تطوّرها ونشرها»

ولدتُ عام ١٩٤٩ ، وعلمت فيما بعد أن عام ١٩٤٨ كان بداية تأسيس دولة إسرائيل ، وبالتالي حلول النكبة الفلسطينية وإعلان الْـ «لاعودة»[(٥)] من قبلها ، لا عودة للفلسطينيين إلى منازلهم وأراضيهم التي سلبت منهم ، الأمر الوحيد الذي كان بإمكانه أن يمحو تردّدات النّكبة . ولكن ما حدث هو العكس وبات ذاك الإعلان مصدرا لامتناهيا لأزمات شرق أوسطية جوهرها اللاعدالة في تطبيق القرارات الدولية .

وكأترابي من بيئتي عشتُ تباعاً:

* ١٩٥٨ الحوادث التي قطعت دابر التجديد على الرئيس كميل نمر شمعون ، وصعود الناصرية ، ودخول الولايات المتحدة ساحة المنطقة من الباب العريض
* ١٩٦٣ انقلاب الحزب القومي السوري الذي كان يهدف إلى إنشاء الاتحاد السياسي للهلال السوري الخصيب ، ضمنا فلسطين .

---

(٥) صدر قرار الأمم المتحدة رقم ١٥٨٩ في وقت لاحق من عام ١٩٥٠ يمنح حق العودة للفلسطينيين إلى منازلهم وأراضيهم وليس فقط إلى دولة فلسطينية يمكن إنشاؤها في مكان مختلف . كما شدد على حق الشعب الفلسطيني في تقرير مصيره: حق العودة وتقرير المصير . كمن هذا القرار خلف تأسيس حركة فتح عام ١٩٦٨ للضغط على إسرائيل باستخدام كل الوسائل ، حتى العنف ، لتنفيذ هذا القرار الشهير .

* ١٩٦٧ الحرب العربية الإسرائيلية الثالثة ، وفيها عرفتْ أذناي صوت صفّارات الانذار .
* ١٩٧٣ الحرب العربية الإسرائيلية الرابعة ، فتعرّف فيها وجداني إلى معنى الهزيمة وبتّ أفقه قواعد الترابط بين الدِّين والمال والدنيا .
* ١٩٧٥ بداية حرب الآخرين على أرض لبنان واستهداف المسيحيين لاستئصالهم ، وبداية التدخّل السوري بهدف ظاهرُهُ حماية المسيحيين!
* ١٩٧٨ الانقسام الماروني الكبير بسبب اغتيال النائب طوني فرنجيه نجل سليمان بك فرنجية رئيس الجمهورية السابق (١٩٧١-١٩٧٦) وذلك بسبب رفضه تقسيم لبنان .
* ١٩٨٢ الاحتلال الإسرائيلي الذي دخل الوجدان قبل أن يدخل بلدتي بيت مري .
* ١٩٨٢ اغتيال الشيخ بشير الجميل أثر انتخابه رئيسا للجمهورية والسقوط معه لكافة المعادلات السياسية للجمهورية اللبنانية الأولى .

وفي كل هذه المراحل ، وككل شاب وشابّة لبنانيين ، عشت خبرة الانتخابات الديمقراطية على الطريقة اللبنانية وتعرّفت ، مع بلوغي السنّ القانونية للانتخاب ، حتمية الإملاءات الخارجية في تقرير مصير وطني وحياة الإنسان فيه ، كما أهمية الورقة الزرقاء (مئة ليرة لبنانية = ٣٠ دولار أمريكي حينها) والتي أصابها التحوّل ، والتحوّل في المعنى الفلسفي (*shifting*) هو موضوع الجزء الأول من هذا الكتاب ، فأصبحت منذ فترة غير وجيزة خضراء ، أي مئة دولار أمريكي في تحديد مصير الانتخابات[٦].

تألّمتُ جداً كشاب صاعد ذي شفافية نظرية تربّيتُ عليها سواء في المنزل الوالدي كما في المدرسة (وعلى كتب جبران خ. جبران) ، فنشطتّ لأول مرّة في عمر ١٨ عاما ، خلال انتخابات فرعية ، في حملةٍ ضد «الورقة الزرقاء»

---

(٦) باتت المئة دولار تساوي اليوم ، عام ٢٠٢٢ ، حوالي ٢,٥٠٠,٠٠٠ ليرة لبنانية

آنذاك . ثم ، في الانتخابات التالية بعد أربع سنوات ، قدتُ حملة «الورقة البيضاء» احتجاجاً على دور «الورقة الزرقاء» في شراء الأصوات .

وهكذا منذ بدايات وعيي السياسي الاجتماعي بدأت ، مع أترابي من مسيحيين ودروز في مسقط رأسي بيت مري ، إعداد أفكار تسمح للّبنانيين بعيشٍ أهلي سليم طويل الأمد ، يُنبئ بازدهار كافٍ ليحافظ على أدمغة الوطن وأيديه العاملة فيه ، كما يحفظ كلاًّ منهم في مركز عواطفه وأخلاقه وأصالته والأرض التي أراده الله تعالى أن يولد ويشهد له فيها .

لم أتبنّ سلاحًا ولا حزبية ، بل تبنّيت ورفاقي أقلاماً وشاعريةً وعلماً وفكراً ناقداً ، وبدأنا نطرح الأسئلة الكبيرة حول المسار والمصير المشتركين في الوطن الواحد ، كما في البلدة الواحدة . تخاصمنا مع الجيل المتقدّم في العُمر والخبرة ، جيل آبائنا اليائس من التغيير ، لا أعني تغيير المسلك السياسي الإقطاعي العام في البلاد ، بل تغيير قناعاتنا ، بالاستناد إلى خبرته ، بأن التغيير مستحيل وبالتالي علينا السير كل في إثر خطوات والده ، يرث عنه الحياة والمهنة و«النائب» الذي ينتخبه هو ، كما يرث عنه أيضا وسيلة الإقناع والاقتناع الأسهل والأسرع وهي: «بعد حمارك ما ينبت حشيش! »

انطلاقا من هذه النقاط ، وكيما يكون أمل الأجيال الآتية أفضل من أمل أجيالنا لجهة الحقّ في التعبير والتغيير والتطبيق والتلاقي والتعاون والثبات على أرض الوطن ، كان هذا الكتاب .

وبعد عمر من الجهاد الصامت والمُرفق بالعلم والترقّي ، حتى التكرّس في حياة الزُّهد الرهباني ما سمح للمبادئ المرجوّة أن تخرُج صافية من بوتقة الألم والأمل ، قرّرت عام ١٩٨٧ أن أنشر كتاب «الجمهورية الثانية ، مشروع الإنسان من أجل السلام في لبنان» .

طُبع منه ألف نسخة آنذاك ، وصلت أُولاها إلى البطريرك الماروني المثلث الرحمات نصرالله صفير وإلى رئيس الجمهورية أمين الجميل ثم

إلى كافة المسؤولين السياسيين والسفراء وبعض الصحف ، وقد كتبت عنه جريدة النهار . ورفعتُ الصوت مناديا به في المحاضرات يوم صُمّت الآذان من شدّة تراكم اقتراحات أنصاف الحلول . وبعدها ، عام ١٩٨٨ ، سلمته باليد لرئيس الحكومة العسكرية الجنرال ميشال عون .

بعد نشر كتاب الجمهورية الثانية شاهدت ما يلي:

* ١٩٨٩ الانقسام الأكبر للمكوّن الماروني من الشعب اللبناني (حرب الإلغاء) الذي أدى إلى التوقيع المتسرّع لاتفاق الطائف في الثاني والعشرين من شهر تشرين الأول والموافقة عليه من قبل مجلس نواب في الخامس من تشرين الثاني وانتخاب المغفور له رينه بك معوض في الجلسة نفسها الرئيس التاسع للجمهورية .
* سبعة عشر يوما فيما بعد ، في ٢٢ تشرين الثاني ١٩٨٩ ، أي في عيد الاستقلال ، اغتيال الرئيس رينه بك معوّض ، الرئيس الأول المنتخب بموجب دستور الطائف . كان مفترض فيه أن يكون الضمانة لتنفيذ البنود المعقّدة من اتفاق الطائف ، وبشكل خاص انسحاب الجيش السوري كليا من لبنان بعد سنتين من توليه الرئاسة .
* وبالتالي الإجهاز شبه الكامل على قدرات المارونية السياسية .[٧]
* ١٩٩٠ (١٣تشرين الأول) الحلول العنيف لسلام الطائف الدّولي باحتلال الجيش السوري الكامل لما سمي بالمنطقة الحرّة الواقعة تحت سيطرة حكومة الجنرال عون ، وبخاصة تغاضي دولة إسرائيل

(٧) أي الوَحدة حول البطريرك؛ دعم الشعب الماروني المتمثّل بالأحزاب السياسية المسيحية للرئيس الماروني؛ والأخطر كان حركة الهجرة الضخمة التي أعقبت الحرب المارونية – المارونية عام ١٩٨٩ التي أطاحت بكل أنواع الكفاآت من الموارد البشرية ، على سبيل المثال المفكرين والاقتصاديين والشعراء والفنانين إلخ ، ومعهم كل الأثر الثقافي والمالي الذي كانوا يمثلونه في البلاد .

عن استعمال الطيران الحربي السوري في الهجوم لتسهيل تتميم تنفيذ مقررات الطائف .

* تباعا ، ومع الأسف الشديد ، شاهدت الولادة القيصرية لجمهورية الطائف التي أطلق عليها الرئيس نبيه بري اسم « الجمهورية الثانية» .

خمسة عشر عاما فيما بعد ، في الرابع عشر من شباط ٢٠٠٥ ، عيد العشاق ، ومن كندا هذه المرة ، شاهدت الاغتيال الذي صدم العالم بأسره للشيخ رفيق الحريري عراب اتفاق الطائف ، النائب ورئيس الحكومة لعدة مرات ، والمعلن دوليا بأنه معيد بناء بيروت . تلى هذه الفاجعة إعلان تكتل ١٤ آذار من اليمين المتطرف المُـتّهم للنظام السوري بالاغتيال ، مسارعا بالطلب من الرئيس الأمريكي جورج بوش الابن لإرغام القوات السورية على الخروج من لبنان . (وهذا ما حصل)

وفي ذاك الزمن المفجع (٢٠٠٥-٢٠٠٦) ، وإذ بدا لي أن الآذان اللبنانية ، والشرق أوسطية والدولية ، باتت أكثر حرصاً على الإصغاء لحلول ناجزة لمعضلة لبنان ، أعدت النظر بكتابي حامل العنوان «الجمهورية الثانية ، مشروع الإنسان من أجل السلام في لبنان» ونشرته عام ٢٠٠٦ ، قبل بداية الحرب الإسرائيلية الثالثة على لبنان ، تحت عنوان «تحوّل المفاهيم في بناء الجمهورية ... نحو جمهورية لبنان الخامسة» ، مضيفا إليه جزءا هاما عن فلسفة التاريخ وبعض التعديلات التي تفرضها التطورات الدولية ، مجدّدا عدم رضاي عن استمرار ما هو عليه حكم جمهورية الطائف وعارضا حلولي المبتكرة للشعب وللمسؤولين السياسيين بشكل عام ، وللبطريرك الماروني بشكل خاص . ولكن الأذان لم تصغ ...

خمسة عشر عاما جددا مرّت ، واليوم ، بعد ٤ آب ٢٠٢٠ ، والانفجار شبه النووي في حجمه لمئات الأطنان من نترات الأمونيوم والذي دمّر ميناء بيروت وآلاف المنازل والمباني حوله ، وقتل أكثر من ٢٠٠ مواطن وجرح الآلاف مخلفا وراءه إحباطا ويأسا لا سابق لهما لدى الشعب اللبناني كافة ،

وفي العالم أجمع ، هل لتلك الآذان أن تحرص بصدق على سماع صوت الحكمة لذلك أعود مع بعض التعديلات على هذا الكتاب المستمر في تحويل المفاهيم ،(٨) لأصّر هذه المرّة على الضرورة المطلقة لتعديل ما يسمى دستور الطائف ، واقترح من خلاله كل ما يخدم كرامة الإنسان والمجموعات التي ينتمي إليها ، إنما ليس على حساب الصالح العام ومع الخضوع التام للقانون .

إن ما يحمله هذا الكتاب يمكن أن يساعد حتى أجيال الشرق الأوسط المستقبلية والبلدان الأخرى ذات الأيديولوجيات والطوائف الدينية المماثلة .

كل ما سبق دفع بي لإعادة نشر هذا الكتاب واقتراح الجمهورية الخامسة كحلّ أمثل لمعضلة لبنان الطائفية التاريخية . لكن السؤال يبقى: ما هي احتمالات إطلاق هذه العملية بشكل نهائي لتحقيق رؤية هذه الجمهورية ؟

الأب د. ميخائيل روحانا الأنطوني

---

(٨) في عنوان النسخة الانغليزية وردت كلمتا *shifting paradigm* وقد تعني عبارة *shift-ing* باللغة العربية التغيير أو التبديل ، لكنّ هاتين الكلمتين يُقصد بهما استبدال شيء بآخر ، من نوعه أو من غير نوعه ، أما المدلول إليه فلسفيا من خلال هذا التعبير الإنغليزي فهو تحويل المفهوم نفسه من معنًى ضاق أو تخلّف عن زمنه ومكانه ، إلى ما يُعاصر زمنه ومكانه ، فلا يبقى حجر عثرةٍ في ديناميّة التطوّر والترقّي . أما كلمة *paradigm* ، التي لم نجد تعريباً صالحاً لها إذ هي لا تعني المثال ، أي *archetype* ، لذا اخترنا لها مصطلحا جديدا وهو «المثال البيْنيّ» ، أي نوع من المثال يقع بين الدالة *sign* والمثال الأنطولوجي المدلول إليه *archetype* .

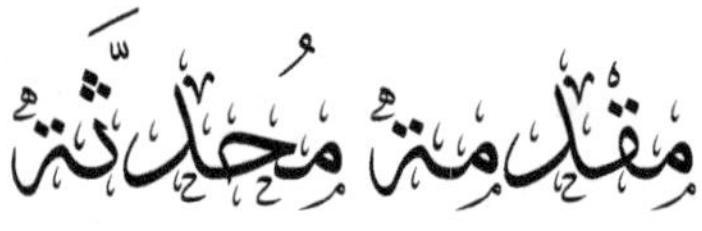

لما كانت معظم التغييرات الأساسية التي أتى بها الطائف وأُدخلت الدستور اللبناني في العام ١٩٩٠ قد تطابقت مع كتاب الجمهورية الثانية الذي نشرتُه في العام ١٩٨٧ ، حتى عبارة الجمهورية الثانية – في حد ذاتها – التي أضفاها الرئيس نبيه برّي على جمهورية الطائف ،

ولما كان من حقي التاريخي والفكري أن أدافع عن إنجازٍ في الفلسفة الاجتماعية المطبّقة على علم الدساتير ، كلّفني سنوات من الأبحاث والاستشارات والتعاون مع أكثر من متخصّص ، في إيطاليا ولبنان ،

ولما كان المقصود من هذا الإنجاز إخضاع الطائفية السياسية لمصلحة احترام الدِين والكائن البشري ، وبالتالي المساواة والعدالة السياسية والاجتماعية اللتان تؤمّنان مسيرة العيش المشترك نحو التكاؤن[٩]

(٩) نظرية لغوية مُنطلقها اللّغة السريانية ، وضعتُها بالتعاون مع المفكّر وهيب كيروز بهدف إيجاد مصطلح يعبّر عن المشاركة المصيرية ويرتقي بالجماعة من التعايش إلى التعاقل والتواحد وذلك بالترقّي عن المعنى الأول لفعل كان (وُجد ، حدث ، صار) الواردة في المعاجم ، وعن دوره اللغوي كفعل ماض ناقص ، وإيجاد فعل بديل عنه لا نقص فيه .
مصدر التكاؤن هو فعل كأن . هذا الفعل موجود في قاموس اللغة العربية ويعني «اشتد» ، ولكنه شبه غير مستعمل . استعرنا هذا الفعل (كأن) كمرادف لأفعال «*être*» بالفرنسية ، و «*to be*» بالإنجليزية ، و بالسريانية ، اللغات التي اثبتت

الكامل ، في سبيل وطن لائق بأجيالٍ أقل ما توصف به أنها لبنانية ،

ولما كان المغفور له الرئيس شارل حلو قد سحب كلمته التي دفع بها الى الطبعة الأولى احتجاجًا على كون فلسفة الاقتراح الجديد تقضي بإلغاء الحصرية الطائفية على صعيد الرئاسات الأولى ، خوفًا منه على خسارة الطائفة المارونية للضمانات التي تؤمّنها كُرسي الرئاسة الأولى ،

ولما كان تصوّر الجمهورية الثانية قد حاز إعجاب عدد من السياسيين والدبلوماسيين المعتدلين ، كالرئيس سليم الحص[١٠] والسفير الفرنسي (Paul Blanc) وغيرهم ، إذ إن الكتاب كان قد وزّع آنذاك مجّانًا على الرسميّين والنواب والوزراء كافة ، من خلال بريد المجلس النيابي في لبنان ، كما على السفيرين الفرنسي والبريطاني ،

ديناميتها التطويرية على الصعيدين الفردي والجماعي . ومن هذا القبيل يمكن القول: كأن كائنٌ نفسه أي أدرك ذاته كائناً ، الأمر الذي يسهّل ترجمة مقولة ديكارت (*Cogito ergo sum*) بالقول "أنا أفكّر إذاً أنا كائن" وليس فقط "أنا موجود" . ومن الفعل المجرد «كأن» نشتق مزيدا على وزن فاعل ومطاوعه على وزن تفاعل ، فنقول: كاءَن وتكاءَن – وكلاهما للمشاركة – فنقول مثلا إن المعرفة تُكائِن الانسان ، أي تزيده إدراكاً لكينونته . ثم ننتقل الى مصدر تكاءَن ، فنحصل على الـ «تكاؤُن» ، أي أن نكون مدركين كينونتنا المشتركة ، التي بدونها لا كينونة لا لجماعتنا ولا لأية واحدة من جماعاتنا . وفي يقيننا أن معنى الـ «تكاؤُن» يفي البعد الاجتماعي السياسي حقه: أن نكون معا أو لا نكون؛ وهذا فعل إدراك إراديّ ، لا فعل وجود انسيابي .

(١٠) مع تحفظه بالنسبة الى اشراك المغتربين في الدور السياسي الوطني من خلال اعطائهم حق الاقتراع .

ولما كانت جمهورية الطائف الثانية قد رسّخت الطائفية[١١] أكثر مما كانت عليه قبلاً ، فتسببت بالآلام التي عشناها من حرب الإلغاء أو التوحيد[١٢] إلى اغتيال المغفور له الرئيس الشهيد رينه معوّض إلى يوم اغتيال المغفور له الرئيس الشهيد رفيق الحريري ،

ولما كانت هذه الجمهورية قد أخطأت قراءة حركة التاريخ ، عن قصد أو عن غير قصد ، فالأمر سَيّان ، ولّدت نظاماً بثلاثة رؤوس تُفرّق بينها على الدوام جدلية المُحاصصة المادية ،

ولما كانت صياغة كل ذلك قد قام بها جارٌ (النظام السوري) ، دخل وأُدخل في الوقت نفسه بيت جاره للذود عنه بحجّة غيرته على العدالة والعروبة فطمع بمعطيات جاره الدّولية والمحلية ، الاقتصادية منها والاستراتيجية بالنّسبة إلى القضية الفلسطينية والسلام في الشرق الأوسط ،

ولما تحوّل الجار إلى مُصادِرٍ للبيت كورقةٍ سياسية دولية يضغط بها ، كمن اختطف بلادًا بكاملها ، على الدّول أصحاب القرار ، لما فيه حفظ مكتسباته ومصالحه على الساحة الشرق أوسطية والدّولية[١٣]، وبات التخلّي فيما بعد عن هذه الورقة ، خصوصاً بعد الاحتلال الإسرائيلي

---

(١١) كتب سيادة المطران أبي نادر في ذلك الحين ، في مقدمة مجلة «الرعية» التابعة لمطرانية بيروت المارونية ، تعليقا على هذا الموضوع قائلا ما معناه: تمّ الاتفاق في مدينة الطائف فأتى طائفيا . لكم تمنّينا لو أنه تمّ في مدينة الرياض!

(١٢) هكذا وصفت الحرب المشؤومة بين الجيش اللبناني الخاضع للجنرال عون وميليشيا حزب القوات اللبنانية .

(١٣) هذا ، في نظري ، ما أدى الى التدخل الاسرائيلي في لبنان ، وبالتالي إلى احتلال جنوبه ، ليتمتّع الخصمان اللذان يتنازعان أراضي الجولان ومياهه بالورقة الضاغطة نفسها ...

للجنوب ، من ضروب المحال ، تحوّلت المساعدة الغيورة إلى وصاية ثم إلى شبه احتلال وبعد سنة ألفين إلى احتلال ،

ولما كان كل هذا قد تمّ تحت اسم الجمهورية الثانية ، الاسم الذي حمّلته منذ العام ١٩٨٧ الرأي والرؤيا للبنان ما بعد الحرب ، على أمل ألا تعود الحروب الداخلية إليه ، آلمني جدا تشويه هذا الاسم وعدم قدرتي على الدّفاع عنه بصفته مشروع الإنسان من أجل السلام في لبنان[١٤] ، كما أدمى قلبي ما كانت تؤول إليه الأمور على مرأى ومسمع من الدول العظمى التي أعطت دستور الطائف الشرعية الدولية ، ومن أصحاب الرأي والرؤية السليمة ، دون أي نية من أي بلد من تلك البلدان بإعادة النظر بأخطاء هذا الدستور التي غذّت وتغذي الفساد .

الآن ، ومع ما يحدث في هذه المرحلة مما بعد الرابع من آب (أغسطس) ٢٠٢٠ من جهود لتحرير النفوس وبناء الهوية الوطنية مع محاولة اكتشاف وتطبيق حلول فعالة يمكن أن تعوض ما يقارب من أربعين عامًا من التضحيات في محاولة إقامة المواطنة العادلة والسلام الدائم ، أرى من واجبي أن:

١ - أعيد تسليط الضوء على ما رغبت وأكرّر الرغبة في أن يُعتمد في لبنان ألا وهو تحرير الكراسي الرئاسية من الاختزال الطائفي وجعلها مرنة التبادل ، وذلك بهدف إلزامية المشاركة المحورية المساوية للجميع في خدمة البيت الواحد . فالمساواة العادلة فقط تؤدّي إلى التوافقية

---

(١٤) الصيغة التي هيمنت أيضاً على نوايا المؤتمرين في الطائف ، لذا ارتبط فيه كل ما له صفة طائفية بالموقت .

السليمة (١٥) على أساس الثقة المتبادلة المبنية على جدلية القاعدة الذهبية: «أرِدْ لغيرك ما ترغب أن يريده غيرك لك» ،

٢ - وأن أُطلق ، استنادا إلى النظرية الفلسفية لحركة التاريخ اللولبية التي سيلي شرحها ، وإلى تاريخ الجمهوريات في فرنسا وبعض النظريات الفلسفية الحديثة ، مرحلة الجمهورية الخامسة ، مستبقا فيها أي اختبار يمكن أن يتوافق عليه السياسيون في لبنان (جمهورية ثالثة ورابعة) لأنني مقتنع كل الاقتناع بأنه ، في النهاية ، لا يصحّ إلا الصّحيح .

إنني أدعو إخوتي وأخواتي اللبنانيين إلى تخطّي حتمية التاريخ المتربّعة في نفوسنا وكأن قيامة الكلمة الحق من الموت لم تحدث ، وكتاب السلام والتسليم للحق لم يُنزل ، وكأن تحطيم قيود تلك الحتمية الوثنية لم يتمّ ، وما دعوتي هذه إلا لإدخال النفوس ولبنان في جدلية لولبية توحيدية لا سقف لها ، حتى ولو خضعت لنسبية السقوف ، وهي جدلية توفِّر علينا حمّامات الدم وتحافظ على الإرث الروحي والدّنيوي المستمرّ منذ أكثر من ستة آلاف سنة .

---

(١٥) نرى أنه لا بد من الفصل بين ديمقراطية وتوافقية لأنهما ، ولو التقيا في النتيجة ، إنما هما ينطلقان من أساسين لغويين مختلفين يطرحان مفهومين متمايزين . الأولى تعني حكم الشعب أو الشعب صاحب القرار من خلال الأكثرية العدديّة . أما الثانية فتعني توافق المجموعات الضاغطة ، أدينية كانت أم إثنية ، أم اقتصادية ، الشديدة الترابط في العقائد والمصالح والمتحدّة حول رأي ورؤية واحدة ، ما يعطل دور الفرد لمصلحة الجماعة . فيتحوّل الناخب من فرد إلى تكتل *(bloc)* ، وتُستوعب حريّته في مصلحة التكتل العليا حيث لا رأي للفرد خارج عن رأي قادته ، أكان حزبا أم طائفة أم إقطاعا أم جماعة ضاغطة . بالتالي ، وكما سيرِد لاحقا ، سهرنا في هذا التصوّر الدستوري على احترام المعادلة التي تقضي بأن يُرضِي الدستور الفرد والجماعة على حدّ سواء ، أنما تحت مظلة الصالح العام .

ولما كان من المتعارف عليه أنه ما من أحد يمكنه أن يُعطي ما لا يملكه ، رأيت من الواجب عليَّ أن أرافق ما انبثق عني من أفكار حتى تتّضح ، وأن أتابع ما كتبه قلمي حتى يتحقّق في الأذهان على أكمل وجه ، وذلك اعترافًا مني بالجميل لمن يعطي المواهب ، وتقديرا لكل من شجّعني وساعدني ، واحترامًا للآخر الذي أتشارك وإياه المسار والمصير نفسيهما خدمةً للبناننا الغالي .

***

مقاربة فلسفية

في تحوّل المفاهيم وحركتي التاريخ والديمقراطية وضبط الطائفية لخدمة التكاؤن الإنساني [١٦]

* دور المثل الأفلاطونية *(Archetypes)* والمثل البيْنية *(Paradigms)* [١٧] في هيكلية الجمهورية .

---

(١٦) يمكن لمن لا يرغب بقراءة هذا الجزء الفلسفي أن ينتقل مباشرة إلى الجزء الثاني: مبادئ نظام جمهورية لبنان الخامسة على أن يقرأ هذه المقاربة الفلسفية فيما بعد .

(17) Paradigm comes from Greek παράδειγμα (*paradeigma*), pattern, example, sample, from the verb παραδείκνυμι (*paradeiknumi*), exhibit, represent, expose, and that from παρά (para) besides, beyond and δείκνυμι (*deiknumi*) to show, to point out . The original Greek term παράδειγμα (paradeigma) was used in texts such as Plato's Timaeus and Parmenides as one possibility for the model or the pattern that the Demiurge used to create the cosmos . Kuhn suggests a framework of concepts, results and procedures within which subsequent work is structured . Normal science proceeds within such a framework or paradigm . A paradigm does not impose a rigid or mechanical approach but can be taken more or less creatively and flexibly .
Cf . https://en .wikipedia .org/wiki/Paradigm
[Acc . Oct 27, 2021]

I . ما هي المُثُل (Archetype Forms) ؟

١ - اعتبرت الأفلاطونية أن عالم الواقع المنظور والملموس ليس إلا انعكاسًا لعالم المثل *(archetypes)* الذي يتمتع بصفة الجوهري *(essential)* بينما تتمتع الكائنات المخلوقة كافة بصفة حادثة *(contingent)*[١٨]. لقد أثّرت هذه النظرية في مسار الفكر الإنساني على صعيديه الديني والدّنيوي ، على مرّ العصور ، وعُرفت بالفلسفة الأمثلية *(idealism)* .

II ما هي المُثُل البينية (Paradigms) ؟

٢ - استنادا إلى ما يرد في تحديد الحاشية رقم (١٧) نوضّح أن المُثُل البينية هي مثل وضْعية ، يضعُها العقل البشري لحاجات تربوية وتقع في منزلة وسيطة بين المثل الأفلاطونية وحاجة النشاط الإنساني اللغوي والتطبيقي ، يتعامل معها العقلُ والحسُّ البشريان نظراً إلى صعوبة التعامل مع المُثل الأصيلة ، وقد يلجآن إليها ، كمدلولات نهائية في حدّ ذاتها ، يسترشدانها سواء التعبير والسبيل . ومنذ أفلاطون حتى اليوم يعاني الفكر الديني صراعاً بين المثل الأفلاطونية وهذه المثل البينية التي تناولها أكثر من فيلسوف ولاهوتي في كتاباته . وما تحريم الصّور والرموز والتماثيل في اليهودية والإسلام؛ وما حرب الأيقونات (في القرن السابع) وأُسُس التقاليد البروتستانتية في المسيحية إلا جزءاً من هذا الخلاف .

٣ - حجّمت نظرية أرسطو الواقعية *(realism)* قوّة هذه النظرية بعض الشيء ، ومع ذلك لا تزال حتى اليوم حجر العثرة الأخطر للدِّين والتعامل الاجتماعي-السياسي ، نظرًا إلى الميل الطبيعي الذي يتّصف

---

(١٨) أي كائنة بعد أن لم تكن وليست دائمة الكينونة .

به أبناء البشر تجاهها ، كما شرح العالِم النفساني Gustav Jung Carl في حديثه عن العقل الجماعي *(collective mind)* . هي في الواقع مشكلة المعرفة عند الإنسان (المبنية ، بحسب أرسطو ، على الحواس الخمس . فهي تكمُن في إنزال العرضْ منزلة الجوهرْ ، وجعله مثالا دونياً تتحكّم هي فيه *(control)* . يتكوّن من هذه العملية ما أسميناه المثل البيْنية *(paradigms)* القائمة بين الواقع والمثل .

٤ - لذلك نرى أن الطائفية[١٩]، شبهُ الدِّينِ ولا دِين[٢٠]، تندرج في عالم المُثُل البيْنية هذا ، لأنها ليست جوهراً في ذاتها ، ولأن الدّين هو المثال الحقيقي وهو جوهريٌ في الجدلية الأنثروبولوجية القائمة بين الله والإنسان . إن ابتذال الدِّين في العملية السياسية الوصولية هو ما حوّل مفهومه إلى طائفية أو قل طائفيات ، أي إلى مُثل وضْعية بينية ، يتحكّم البشر فيها ، موزّعةً على قياس عقولهم وظروفهم .

٥ - هل تتحدث الفلسفة عن مثال وضعي *(applied paradigm)* ؟ كلاّ ، ولكن علم النفس هو الذي يتعاطى هذا الحديث إذ يعتبر أنه بوساطة الإيهام والعصف الفكري أو غسل الدماغ *(brain washing)* يمكن خلقُ مُثُلٍ لا أساس لها في عالم المُثل الذي حدّدته الفلسفة الأفلاطونية ، إذ لا وجود فعلي لها بين المخلوقات ، كالغول مثلا ... فالغول مثالٌ بينيٌّ ، مكْمنُه الخيال ، يقع بين الحقيقة والإيهام ، وما مرّ جيل إلا واعتمده ... وكذلك الطائفية وما شابهها . فهل يصحّ اعتبار الطائفية غول الأديان والأوطان وبالتالي الإنسان ؟ وكيف يمكن أن يُحوّل هذا المثال إلى «غول» مفيد أو كيف يمكن إنزالُه

---

(١٩) تدخل أيضا في هذا السياق البدع والشّيع والكنائس الانفصالية .

(٢٠) قال الامام علي بن أبي طالب في خطبة له يستنهض بها الناس: «يا أشباه الرجال ولا رجال ! »

عن منصّة المثل وإعطاؤه حجمه الطبيعي ليصبح أداة تواصل بين الجماعات والأوطان في خدمة الإنسان[٢١] ؟ هذا ما سنحاول تبيانه من أجل دفع عجلة الديمقراطية الحقيقية وكرامة الدين والإنسان في لبنان وحيثما تدعو الحاجة .

٦ - إن التّحويل في الدّين كـ-مثال *(archetype)* لهو أمرٌ مستحيلٌ لارتباطه بمعطيات الوحي الإلهي غير القابل للنقاش . أما التحويل في مثال الطائفة وبالتالي الطائفية وما شابهها فهو أمر مُمكن بصفتها مثالا بينيًّا وضعيًّا ، ومثالا على ذلك كثرة البدع والهرتقاط .

٧ - بناء عليه نوضِح أن المقصود بعملية تحويل المثل البيْنية هو التزام الإنسان بتنقية ثقافته[٢٢] من مُثُل وضْعيةٍ اكتسبت قوة المُثُل الأساسية التي لا تُمسّ ، وإعادة هذه المُثُل إلى حجمها الصحيح ، وتحديد طريقة التعاطي معها في شكل يمنعُ بقاءها هدفا في حدّ ذاتها يُضحّى بالأجيال عند قدميها . وهذا ما قام به السيّد المسيح يوم حوّل مثال يوم السبت البيني من سيّد على الإنسان إلى خادم له . وهذا ما أوصى به أحد الخلفاء الراشدين يوم أمر بأن: يعوجُّ الجامعُ ولا يعوجُّ الحقُّ .

بالتالي ، كيف يمكن هذا ، وما هي الوسيلة الناجعة للسيطرة على المثُل البينية ، بخاصة الطائفية وإخضاعها من دون محو ذكرها أو أثرها خوفًا من استئصال بعض الدِّين الذي فيها ، والدِّين لا يتجزّأ ، وأخيرا لوضعها على طاولة التعامل السياسي الإيجابي والمفيد للشعب كما للفرد ؟

هذا ما سنُجيب عنه فيما يلي بعد أن نكون قد وضّحنا المقصود من نظرية مهمّة جدا ، غير متداولةٍ في شكل عام ، ألا وهي نظرية لولبية

---

(٢١) أن ما يصح قوله هنا في الطوائف يصح أيضا في الأحزاب العقائدية .

(٢٢) عملية شبيهة بهذه تمت من خلال ما يسمى تنقية الكتاب المقدس من الأساطير .
(The demythologization of the Bible)

التاريخ ، بعد قراءة سريعة لطرق فهم الإنسانية له ، كما الغاية من محورية الحركة الديمقراطية بالنّسبة إلى الجمهورية وتحديد ما نريده للبنان .

III . في لولبية حركة التاريخ وقراءة تطوّرها:

٨ - لا يخفى على أحد أنه ، نتيجة الثّقافة الإنسانية ، ومنذ بداية الوعي البشري ، عُرفت الأرض التي تدبّ عليها الكائنات بالـ»بسيطة» ، وأن المفهوم العام للتاريخ اتّبع الانبساط الانسيابي نفسه ، مرتكزا على ماضٍ وحاضرٍ ومستقبلٍ بشكل أفقي يبدأ بالولادة وينتهي بالموت . تُصوّر الحركة كالتالي:

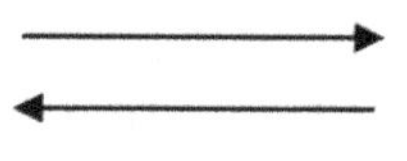

رسم ١: غربًا وشرقًا

٩ - لكن خبرة الحياة المرتبطة بالكون المحيط بها في حركته القائمة على دورات مختلفة: دورة النهار ودورة الأسبوع ودورة الشهر القمري أو الشمسي ودورة السنة ودورة العمر إلخ ... جعل العقل يفقه أن التاريخ يعيد نفسه في سطحيّته وأنه لا بد من حركة دائرية ، الأمر الذي أعطى حركة التاريخ الشّكل التالي:

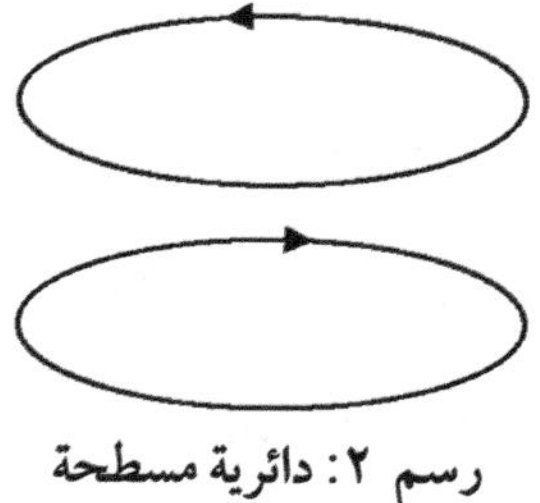

رسم ٢: دائرية مسطحة

١٠ - مع بزوغ فجر الفكر الديني واعتماد عالم الأرواح لسدّ الحاجات المنطقية والعملية وضرورة الارتقاء إلى ذاك العالم بالارتفاع حتى تُسدّ حاجته إلى الانخفاض ، دخل الفكرُ الإنساني مرحلة التاريخ الروحي التبادلي المحدِّد للطبقات في الترقّي: ما دون الأسفل - جهنّم مثلا تحت الأرض- الأسفل ، الأعلى ، وحتى في السماء: سبع طبقات - مار بولس ، مثلا ، قد رُفع إلى السماء الثالثة - (٢كور١٢: ٢) فدخلتْ على الفكر الإنساني نظرية تاريخية معارِضةً للأولى ، وقُدِّمت الذبائح الإنسانية على أساسها ، وهي عامودية ، طبقية ، تبادلية:

رسم ٣: فيزيقا - ميتافيزيقا

١١ - ما إن داعبت نظريّات التاريخ الفلسفية السابقة الذكر العقل السُقراطي- الأفلاطوني الذي تملّكتْهُ القِيم والمُثل حتى دخل التاريخَ مفهومٌ شموليٌ ينطلق من عالم الأشباه إلى عالم المثل ، على أساس تنقية الأرواح والعَودُ على بدءٍ كل ألف سنة ، كما علّم أفلاطون ، وهذا ما أدى إلى انتقال حركة التاريخ من دائرية أفقية إلى دائرية عامودية:

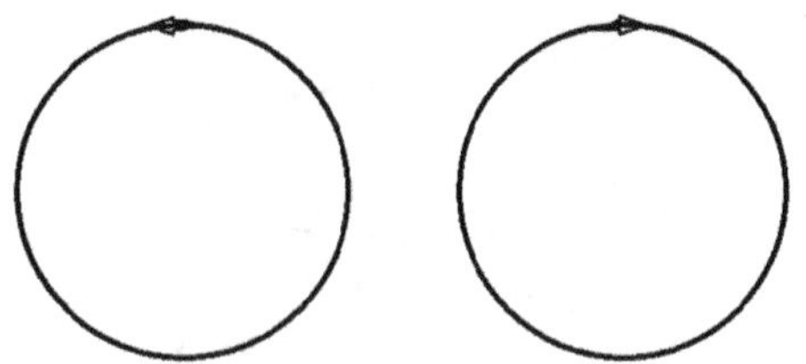

رسم ٤: دائرية عامودية

١٢ -والسؤال هو: أين الدلالة على التطوّر في كل هذا ؟ إن الحركة في هذه النظريات مُقفلةٌ وحتميةٌ وعقيمة ولذلك ، واستنادا إلى تلمّس الإنسان حركةً تطوّرية في معزلٍ عن التأثير الديني (إلا في حال استغلاله كأداة إقناع مبنيةٍ على مهارات الإنسان واكتشافاته وتطبيقاتها المتعدّدة التي ساهمت في نشوء الامبراطوريات واطّرادها) ، أُدخِلتْ على المفاهيم السابقة للتاريخ فكرة الحركةِ التصاعدية المرتبطةِ بأزمنةٍ تاريخية معيّنة: روما لم تُبن في يوم واحد مثلا ، فكان الخط التصاعدي التالي:

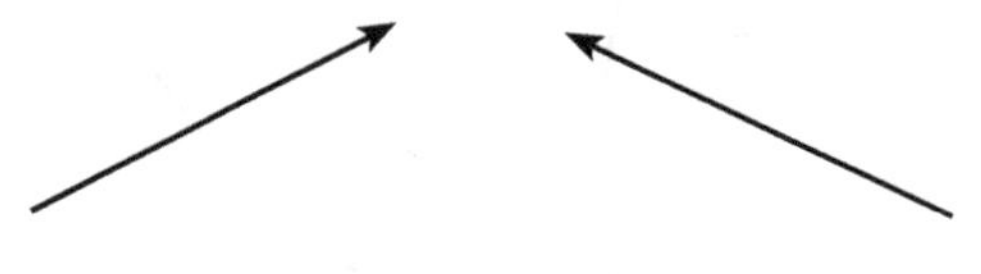

رسم ٥: حركة تصاعدية زمنية

١٣ -إذًا ، لا عودة على عقب أو أثر في هذا المنحى . ولكن ، استناداً إلى سُنّةِ نشوء الممالك والدّول وانحطاطها التي أتى بها ابن خلدون إثر قراءته لحركاتِ التاريخ السابقة ، كما لأطوار الدُّول[٢٣]، عملا بتأثيرات العصبية والانحلال الخلقي عند الأجيال ، لم تنجُ حتى هذه النظرية الأخيرة من دائرية معيّنة . يُمكن لاتجاهات التطوّر أن تكون بالنّسبة إلى الـ «بسيطة» تحت أي زاوية كانت وفي أي اتجاه كان ، ولكن ما لا يتغيّر هو نقطة الانطلاق والعود ، ألا وهي الحضيض أي بداية البدايات: الجاهلية ، العصبية ، العدمُ الاجتماعي ...
إن نظرة ابن خلدون الإضافية تفترض حركةً تجمعُ بين الأفقي

(٢٣) مقدمة ابن خلدون ، الفصل الثامن عشر: في أن الحضارة غاية العمران ونهاية لعمره وإنها مؤذنة بفساده .

والارتقائي والدائري ، ولكن من دون العامودي إلا في حالة الامبراطوريات الثيوقراطية القائمة على تحويل مثال الدّين السامي إلى مثال قِتالي *(warfare)* انتحاري ، بالمعنى الاستشهادي ، لا يخدم سوى المصالح البشرية الوصولية ، حيث تبرز بشكل صارخ جدلية الإنسان النّرجسي المُتألِّه والباحث عن الخلود ، ولو على حساب ملايين البشر ، لينتهي في لعنة التاريخ . تصوير هذه الحركة يكون على الشّكل الآتي:

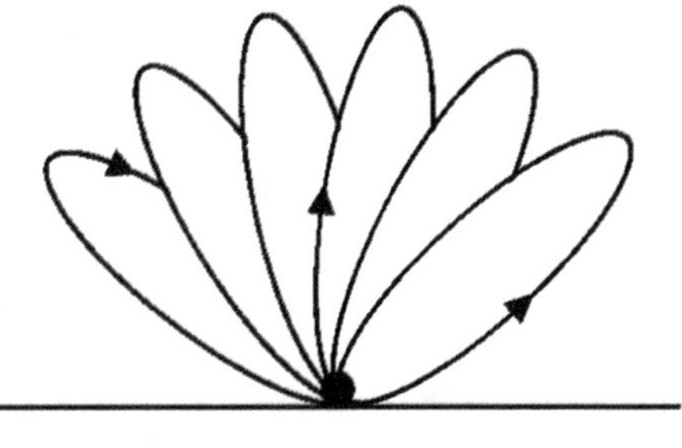

رسم ٦: نشوء ، صعود وسقوط ممالك كثيرة

وهذا يعني ، أكثر ما يعني ، أن العود هو دائمًا إلى الأثر الأدنى ، إي إلى الحالة اللاإنسانية . قد يكون هذا صحيحًا نظريًّا بالنّسبة إلى منطق الفلسفة الكلاسيكية الاجتماعية ، ولكن بعد دخول الفكر البشري مرحلة التّنوير مع ديكارت ، وقد تبعها تنصيب الرياضيات على عرش المعرفة وإعلان نظريتي داروين والـ «بيغ بانغ» *(Big Bang)* ، ثم إمساكُ العلوم التطبيقية ولا سيّما فيزياء الكم *(Quantum Physics)* بزمام الفكر الإنساني وترسيم الحدود بين الدين والعلم ، ثبُت ، ولا يزال يثبُتْ أكثر فأكثر لغاية اليوم ، أن العدمية والحتمية هما من مركّباتِ عُقمِ خيالِ الإنسان وهما نتاجُ مُركّباتِ النّقصِ لديه . عليه ، يصبح الافتراض بأن ما من شيء في

الخليقة إلا وهو حيّ وديناميّ واقعًا حقيقيًّا . وبالتالي يكون التاريخ حيّ وله عمرٌ ، والكون حيّ وله عمرٌ وهو لا يزال فتيًّا ، يكبُرُ حجمًا وجاذبيةً كل يوم ، ويُغذّي الوقت والمساحاتِ الكونية بمعنًى إضافيٍّ يعملُ العقلُ جاهدًا ، وعلى نحوٍ مستمرٍّ لاستيعابه ، ولكن من دون التوصّل إلى غايته رغم التكنولوجيّات الحديثة كافة .

١١٣أ- وبناء على هذه الجدلية ، سبق لأحد الفلاسفة الإيطاليين ، Giambattista Vico (١٦٦٨-١٧٤٤) ، أن تقدّم بنظرية تشمُل كافة الحركات السابقة وتزوّدها بدينامية تصاعدية خصبةٍ لا تعرفُ العود إلى الحضيض ، ولو عادت مع غدْرات الزمن على عقبٍ ، ترتكزُ فيها كل دورةٍ من دوراتِ التاريخ على الدّورة التي سبقتها من دون أن يبقى أمرٌ أو حدثٌ ما على ما كان عليه في الدورة الأسفل . يستشفُّ من تعريف الفيلسوف Vico لحركة التاريخ الشّكل التالي المستنِد الى إرادة الإنسان وكدّه وجَهده للترقّي نحو ما يُعطيه استقرارًا أضمن(٢٤):

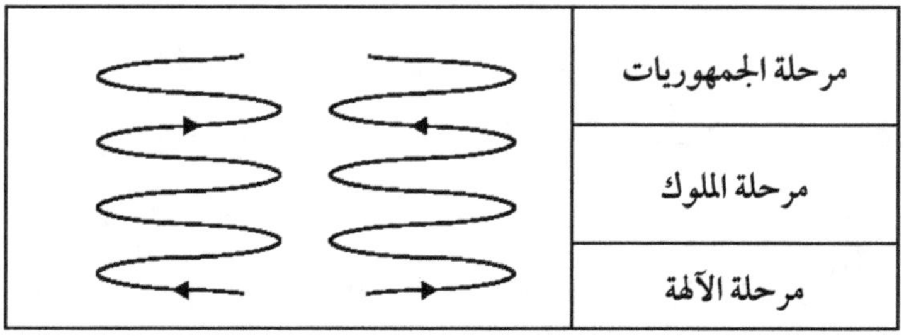

مرحلة الجمهوريات	
مرحلة الملوك	
مرحلة الآلهة	

رسم ٧: دينامية التاريخ اللولبية

(24) Vico Giambattista; *La Scienza Nova e Altri Scritti*; a cura di Nicola Abbagnano; Classici della filosofia; Unione Tipografico-editrice torinese; Italia 1976 pp . 11-30 .

يضيف الفيلسوف المذكور أن هذه الحركة لتاريخ البشرية ، تقابلها حركة مماثلة للعناية الإلهية التي رسمتْ مسبقًا حركة التطوّر الكوني والتي على أساسها يعتمد الوجدان البشري مقياس ما هو الصحيح وما هو الباطل .

١٤ - هذه الحركة اللولبية هي ما يجيب على متطلّبات التوقّعات البشرية كافّة ، أكان على صُعد الأشياء الصامتة أم الإنسان الناطق أم الكون المنشد أنشودة النموّ ، إذ تفتح أفق الأمل لها . ولكن هذه النظرية تبقى محدودة ضمن كونٍ ذي نهايةٍ إن لم تكتمل بالإيمان بوجود الله وبالمعادية *(Eschatology)* التي تضمنُها لنا الكتب المقدّسة ، وخصوصًا حدث قيامة «الكلمة الحق» من الموت .

بهذا الحدث العلامة في الحركة اللولبية انكشف الموت الذي طالما اعتُبر نهايةً حتمية ، على أنه لم يعد يشكّل هو أيضا سوى المثال البيْني لجُزيئات محدودة في كل حلقة من حلقات التاريخ اللولبية ، ولا يُمكنه أن يؤثِّر ، ولا بأي شكل من الأشكال على استمرارية تصاعديتها .

١٥ - إن العود الإنساني ، حتى إن حدث من نقطة معيّنة في هذه الحركة ، هو دائما عودٌ على عقب أو أثر نفساني تذكّري *(remembrance)* لإحدى الحلقات السابقة وليس أكثر . أما العود الفعلي إلى واقع الحدث الأدنى ، أو العود إلى الحضيض ، فهو استحالةٌ على رغم تأثير جاذبية الـ ما قبل البدئي الدائمة . أما جاذبية الـ ما بعد *(beyond)* التي تجذب الكل من دون أن يجذبها شيء فلم يستطع العِلم بعدُ تحديدها ، وأما الدِّين فيوحي للمؤمنين بها لكل بحسب انتمائه الديني .

١٦ - إن العَود إلى حدثٍ ماضٍ تحت جاذبية الـ ما بعد لا يُعدُّ تذكُّريًا مُنفعِلاً (passive) بل استحضارًا فاعلاً (active anamnesic) يُساهم في تحديد الأحداث الآتية ويحفِّز النفس الاجتماعية والفردية ، حتى في تثاقُلِها تحت أعباء الوجدان التاريخي الترهُّلي ، على المضيِّ قُدُمًا فيما قد يصحّ تشبيهه بطريق الجلجلة الكونية القيامية ، حيث الألم هو التعبير السليم عن مخاض الترقّي الإنساني وتصاعدية دوائر التاريخ اللّولبية .

فما العلاقة إذاً بين ما أوردناه حتى الآن في هذه المقاربة الفلسفية وتحويل المثل البينية في لبنان ، وإخضاع الطائفية لتخدُم جمهوريةٍ تتخطى الموروث (Beyond hereditary) ؟

١٧ - أوّلاً ، أنه لمن الحقّ أن ندعو اللبنانيين إلى حُسن قراءة تاريخ هذا الوطن-الجبل الذي أعطاهم هويتهم وانتماءهم وليس العكس . الكل يؤكد أن على أرض هذا الوطن توالت الحضاراتُ الواحدة تلو الأخرى من دون أن تتمكن الواحدة أن تمحو آثار الأخرى ، وأن الأديان المتعدّدة عبدت بالتالي من تؤمن به على الرُقعة ذاتها[٢٥]. فلماذا إذا تقاتُلُ البشرِ اليوم لأسباب دينية ومحاولة إفناء بعضهم بعضًا ؟ إن تاريخ لبنان ، البلد المطبوع بتعرُّجات طرقات طبيعته الجبلية ، لهو أفضل مثل على نظرية التاريخ اللولبي ، وهو بالتالي يسخر من كل من تزمّت واعتقد أنه من الممكن العودة بلبنان إلى أزمان غابرة حيث يسوغ له ، كشخص أو كجماعة ، بعظمته وجبروته ، أن يعود ليشكّل ألف التاريخ وياءه ، يُقفِلهُ على ذاته ويدفن نفسه فيه .

---

(25) Renand, Ernest . *Mission en Phénicie* . 1865 - 1874 .

١٨ - إن العلاقة بين إدراك حركة التاريخ *(The dynamicity of history)* والعمل السياسي في لبنان تكمُنُ في أن يدرك كل فرد كما كل مجموعة فيه أن تاريخ هذا الوطن لن ينتهي عند أحد ، ولا يمكن أن يختزله أحد ، وأن دوراته دارت على الجميع ، فمن تسلّقها وفتح شراعه لرياحها حملته معها ، ومن أراد تحويل حركتها على هواه هوت به إلى مدارك الذكريات الدارسة والوقوف على الأطلال .

١٩ - إن تحويل المثال البيْني للتاريخ من أفقي أو عامودي وحتى دائري عقيم إلى لولبيٍّ خصبٍ يؤثّر في المفهوم السياسي العام فيه وفي تعاطي المجموعات المتفاعلة ضِمنه . إن صفة تفاعلها ستتحوّل من حالة التواجد المشترك (التعايش) إلى حالة التكاؤن ، إذ ستدرك أن أساس العلاقة والُلحمة بينها ليس اعتباطيًّا وآنيًّا وتعايُشيًّا بل تحمله طيّات جدلية الحركةِ التاريخيةِ اللولبية التوحيديةِ؛ وبالتالي ستدرك أيضا أنه لا عودة إلى أي انعطافٍ تاريخي مهما كان شأنه عظيمًا: لا عود إلى قورش ولا إلى الفراعنة ولا إلى مملكة صور ولا إلى مملكة داود ولا إلى فارس ولا إلى روما ولا إلى بيزنطية ولا إلى الفتح الإسلامي ولا إلى الصليبية ولا إلى حروب المائة عام ولا إلى الرايخ النازي ، على رغم وجودها كلها هنا والآن *(hic et nunc)* في طيّات الكتب المقدّسة والتاريخ الوضعي والفطرة الجماعية .

٢٠ - أن وعي الإنسانِ للتاريخ وقدرته على جمع المعلومات وتحليلها واستقراء المستقبل على أساسها يجعلان من مجرّد التفكير في إعادة أمجاد ماضٍ غابرٍ شططًا . فموازين الأمور بين واقع الخير وأدوات الشرّ اليوم تجعل الإنسانية مستنفرة في شكلٍ يضعُها على فوهة بركان هادر ، فإما أن يتضافر أهل الوعي والخير الديني والعلمي

على ترسيخ الفلسفات والقِيم التي تُبقيه خامداً فيُشِلّوا حركة الأصوليّات التي تصلّبت في مُثُلٍ بِنْيَة عمياء عقيمة تُسخِّر الله عزّ وجلّ لمصالحها ، وإمّا أن يحدث ، وفي لحظة غفلة ، ما هو أكثر دمارًا مما أحدثته واقعة تسونامي . ولبنان ، وحتى الشّرق الأوسط كافة ، لأصغر مساحة من المساحة التي ضربتها كارثة تسونامي .

٢١ - إن تكاؤن الحضارات الملتحمة بألمٍ واحد وموحِّدٍ ، ألا وهو ألمُ الرّحم ، رحمُ عشتار وهاجر وراحيلَ ومريم وكل أُمٍّ وأُمّةٍ ، ليحرِّم العود على عقب أو إلى أثر تفوح منه رائحة الدّماء والدّموع ، تمامًا كما أن الجسد البشري يهتزّ كل عام عند استذكار ألمٍ من الماضي حدث في التاريخ نفسه ، وينقبض له فيستعبِر للزمن الآتي .

IV . في التطبيق العملي لمكّونات المقاربة الفلسفية:

٢٢ - استنادًا إلى ما سبق نقول إنه على كل لبناني أن يعي أنه لا عود إلى أي مرحلة من مراحل تاريخ لبنان السياسي بأي لون تلوّنت ، ولا حتى إلى الاقتصاد الزاهر ما كان عليه قبل ١٩٧٥ ، لأن اللون الأوحد الطاغي على كل تلك الألوان هو لون الدمّ . إن حالة الوجدان المتألم ترفض على نحوٍ لا واعٍ *(unconscious)* عودة الألم إليها وتُدافع بردّ فعل عنيف ضدّه . من هنا خطرُ الوقوع في تركيبة المجتمع الأكثري-الأقلّي لأنه انعكاسٌ آخرٌ لعقدةِ الفوقية-الدونية وفيه يتحوّلُ الفكر الأقليُّ إلى مشتكٍ متباكٍ . هذا الفكر الأقليّ ، الذي يقع تحت سلطة الخوف كناصح له ، سرعان ما يتحوّل إلى ثغرةٍ خطِرةٍ جداً وقابلة لدخول شتّى الفيروسات الخارجية جسم الوطن ، وإفساده ، حتى يُستعاد التوازنُ ولو على «مرضٍ» .

فلاسفة كثر وعلماء اجتماع كثر حذّروا من أن من ليس لديه شيء يخسره يتحوّل إلى أخطر كائن على المجتمع ، وها قول للكاتب الأمريكي (James Baldwin) يؤكد ذلك : "أخطر مخلوق في أي مجتمع هو الشخص الذي ليس لديه ما يخسره" (٢٦)، وما يحدث خلال الانتفاضات الفلسطينية ، وما حدث طوال الربيع العربي الدموي ، لخيرُ شاهدٍ على هذا القول .

٢٣ - إن التوازن التّوافقي الذي ميّز لبنان الاستقلال ، وجعل منه رسالةً تُحتذى لدورة تاريخية متكاملة (حوالي ثلاثين عاما) ، هو ما يجب أن تفرزه كل جدلية سياسية آنية ، ولكن بشكل أكثر دينامية من الماضي ، لكي تؤسّس عليه الدورة التاريخية الجديدة . وما لم تتدارك الأكثريات العددية ، والرساميل الضاغطة والمتوهّمة العظمة ، خطر الوقوع في فخّ الفوقية والتّمييز الديني والعنصرّي ، سيبقي لبنان فتيل البارود لذاته وللشرق الأوسط ، ويمكن القول اليوم ، في ضوء ما نعاين ونعيش ، للعالم أجمع . ولا مناعة ضدّ هذا الفخ إلا باعتماد التوافقية التي أكد على أهميتها عام ١٩٩٥ السينودس من أجل لبنان ، على لسان صاحب الغبطة البطريرك صفير ، ومعها العدالة في الأمن والإنماء والأمان وكرامة الإنسان على تراب الوطن كافةً ، كما نص عليها الطائف .

٢٤ - نُضيفُ هنا نقطةً مهمّةً جدًا تدخل صلب موضوع تحويل المُثل البينية لأن مفهوم تراب الوطن هو من هذا القبيل(٢٧).

---

(٢٦) *Cf*. https://www.brainyquote.com/quotes/james_ baldwin_131771 [Acc . Oct 27, 2021]

(٢٧) لبنان في شعر سعيد عقل ، منشورات جامعة اللويزة .

على الدستور أن يعتمد تحويل مفهوم تراب الوطن ليطال كل مكان يعيش فيه لبنانيون ، خصوصا من دارت عليهم دوائر مؤامرات الشرق الأوسط منذ أوائل القرن العشرين ، وبالتالي على مفهوم الوطن أن يمتدّ إلى كل رقعة يُقيم فيها لبناني أو مُتحدّرٍ من أصلٍ لبناني . تلتزمُ الدولة دستوريًّا وعَملانيًّا بتقديم كامل الحقوق للمهاجرين أينما وجدوا ، أو بالأحرى تعيدها لهم وتحافظ لهم عليها كأفراد وكجماعات بالتساوي مع المقيمين ، من دون تجزئة أو تمييز ، وأن تحدِّد لهم في الوقت نفسه أُطُر واجباتهم تُجاه الدولة اللبنانية .

٢٥ - هكذا يتمّ ، استنادا إلى نظرية Vico ، تحويل المُثل البيْنية بما يتماشى مع حركة التاريخ التطوّرية اللولبية . تبقى ضرورة شرح كيفية تطبيق هذه النظرية على السياسة المحلية بهدف إخضاع الطائفية لخدمة الإنسان وخير الصالح العام .

٢٦ - اليوم ، وقد انتهى ما شكّل مقوِّمات جمهورية الطائف الثانية وبِتْنا في خط اللاعودة إلى الماضي ، وبلا رؤية للمستقبل القريب أو البعيد ، ودخلنا معادلة «أن نكون أو لا نكون» دولة سيّدة مستقلة ، عضو في الأمم المتحدة ، نسأل: أيّ لبنان نريد ؟ وما يلي هو ما نقترحه للبناننا الغالي ، وما سندافع عنه ، وما سنجاهد من أجله أكاديميًا ودبلوماسيًا لغاية تحقيقه .

نُذري في كل شطٍ قُرانا ،
نتحدّى الدُنيا شعوبًا وأمصارًا
ونَبني - أنّى نَشأ - لبنانا .

Cf. https://www.onefineart.com/internal-page/poet-said-akl/said-akl-lebanon-louayze [Acc . Feb18, 2022]

V . أيّ لبنان نريد ؟

٢٧ - أيّ لبنان نريد ؟ ألبنان الطائف ؟ لكنّه ، وبشهادة واضعيه وخصوصًا الذين استشهدوا بسببه ، يحتاج إلى استكمال . يبدو أن واضعي هذا الاتفاق اعتبروا بالتاريخ ، تماما كما اعتبر به قبلهم واضعو الاتّفاق الثلاثي ، وقرّروا أن يحوّلوا في المثال البيْني لرئاسة الجمهورية ، ولكن ، مع الأسف ، عرّجت بهم الأمور إلى ما لم يرغبوا فيه ، وذلك بسبب ضغط الحاجة إلى السلام وضغوط أخرى تناولتها الصّحف في ذلك الوقت . الأهمّ هو أنه حصل للوطن الحبيب ما قاله الشاعر الفرنسي Lafontaine في الغراب الذي رغب في أن يكتسب مِشية الحجل!

٢٨ - أيّ لبنان نريد ؟

> نريد لبنانًا باتت أُلِفُه في حاضِره وياؤه لا تبرح تجذُب الكل إليها من دون تمييز أو تفضيل: لا حضارة تحت ولا حضارة فوق ، لا دين تحت ولا دين فوق ، لا عائلة تحت ولا عائلة فوق ، لا إقطاعية ولا مناطقية ولا حزبية - فئوية - أصولية ، بل أمّة لبنانية واحدة موحّدة يتكامل فيها الجميع «متكائنين» في شكل محوري في سياق حركة لولبية للتاريخ حول لبّ هذا الكيان الذي هو كرامة الشعب المبنية على حقّ الإنسان في الحياة ، وحرية الاعتقاد ، وحرية التعبير ، و المشاركة العادلة في تقرير المسار والمصير المشتركين مع حفظ أولوية الصالح العام .

إذا كان هذا حقّا ما نريده ، فإن التزام أي حركة أخرى من حركات التاريخ والاحتفاظ بالتراتبية الطبقية التحاصُصية في النظام الجمهوري تعني حتمية الفشل ، وبالتالي العقم .

ويعيد السؤال الأساسي نفسه: كيف يمكن تفادي هذا العقم ؟

نعود لاحقًا إلى هذه النقطة بعد أن نكون قد نظرنا في موضوع محورية الحكم وأهميتِها للديمقراطية والجمهورية .

ننهي هذا التحليل برسم بياني يساعد على توحيد الرأي والرؤيا حول ما تقدّمنا به من حركة التاريخ:

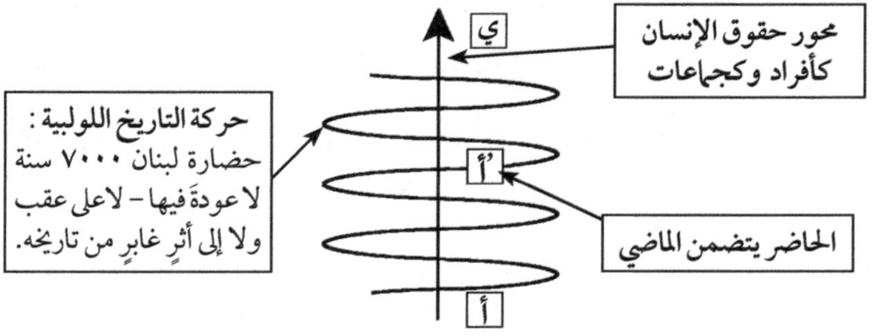

رسم ٨: الماضي والمستقبل في الحاضر

VI . في محورية الحكم وأهميّتها بالنّسبة للديمقراطية والجمهورية

٢٩ - يوم أخطأ البشر في تحديد قدْر كرامتهم وحقوقهم ، واعتبروا أنهم هم مركز الكون وأن الموت يجب أن يخضع لهم ، سعوا إلى التألّه وعكسوا عالم مُثُلهِم على الله الذي أقاموه صورة عنهم *(anthropomorphism)* علّهم يسلمون بسلامة شبههم .

ودار التاريخ دوراته اللولبية واختبر الإنسان أن الأمور ليست على ما تصوّر . وأتت الأديان لتوجد الأعذار من جهة والتعازي من الأخرى ، ولكنّ الحلم الأول لم يزُل . فقام الإنسان بعملية التفاف على ماضيه علّه يجعل من واقعه أكثر رجاءً ، وعكس عالم المُثُل الإلهي عليه ، وأقام مُثُلا بينية ركّز عالمه الاجتماعي والسياسي والاقتصادي عليها . هذا ما نقرأ خلاصته مثلاً في تأسيس مملكة

داود[٢٨] التي خصخصت مِثال الله وقامت على العرقية والقومية والفوقية وعزل الآخر الذي لا يتمّ إلا بعزل الذات .

ومذ ذاك راح تأثير هذا النوع من المُثل يدكّ الحضارات البشرية . وعملا بالطبقية الأفلاطونية ، انقسم المجتمع البشري إلى طبقة الملِك وطبقة الأشراف وطبقة الكهنة والعلماء ، ثم طبقة العسكر يليها التجّار والعبيد والنساء . لقد تراتب الكل تحت الملك الأرضي بصفته الشبه للأصل ، الملك السماوي ، ومُنع على أحد في ما بعد التقرّب من الله إلا من خلال الملك وبوساطة الكهنة ، فبقي الإله الأصل معزولا ولا حول ولا قوّة له إلا من خلال الملك الشّبه .

٣٠ - لفتنا في إيجاز كيف أن الحكم عند البشريين تأثر بالجذور الملكية الذكورية فألّه الرجل ذاته ، وهذا ما كان أهمّ ما عالجه التدبير الخلاصي المسيحاني ، عنينا إعادة المُلك لله . وبالتالي ، ما لم يستند الحكم على الإله الحق ، أكان الحكمُ ملكيًا رئاسيًا أم مجلسيًا يكون دائما عاموديًا تراتبيًا ينضح بالطبقية والفوقية - التحتية .

إن هذا الواقع هو ما دفع بالمُصلحين الاجتماعيّين-السياسيّين إلى تزخيم أنواعٍ مختلفةٍ للدولة والحكم انطلاقا من الثّورة الفرنسية مروراً بماركس ولينين ، ثُمّ حركة اللاهوت التحرّري التي عرفتها أمريكا الجنوبية ، وانتهاءً بنشوء حركة حقوق المرأة والأنظمة البرلمانية وإلزامية مشاركة المرأة في قطاعات الحياة الإدارية والاجتماعية والسياسية كافة ، وحتى العسكرية . لقد ركّز اتّفاق الطائف على الدّور البرلماني «الانقاذي» في المسألة اللبنانية - تمامًا كما

(٢٨) الكتاب المقدس ، ١ صموئيل ٨ : يؤكّد معارضة الله ، إله إبراهيم وإسحق ويعقوب ، قيام مملكة أرضية لشعبه ، مصرًّا على أن يبقى هو الملك والرأس الأوحد لهذا الشعب ، مطالبا إياه أن يكون الشاهد الأمين لوحدته وعدالته ومحبته للبشر كافة .

أوردنا في كتابنا «الجمهورية الثانية» (١٩٨٧) ، لكنّ المُغريات التي شكّلها مشروعا إعادة الإعمار والإنماء المتوازن لأثرياء الحرب ، ومَن وراءَهُم من دُول ، في قطْفِ المكاسب ، ورغبة الجيران في توظيف «القطّافين» لديهم من خلال تأمين «السّلالم» لهم كما لكل من رغب في تسلّقها ، كل أولئك عطّلوا البرلمانية المنشودة وجعلوا العامودية الطبقية تتّبع حركة السلالم .

٣١ - أن هذا النظام العامودي الطبقي ، ولو بدا تطوّريًّا ، خدم مدّةً كانت فيها عقلية الإنسان في وعيها الأول ، كما سبق وذكرنا ، ترسّخت فيها فكرة القوس التاريخي البدائية التي لا تزال تتحكّم بمفاهيم المعرفة الإنسانية (تماما كما الفكرة المرتبطة بشروق الشمس وغروبها) . وليس صدفة أن نجد اليوم أن معظم الامبراطوريات والممالك قد غرُبت ، وما بقي منها قائمًا فهو إمّا يواجه معضلة الحفاظِ على عقلية الشعوب المرتبطةِ به في غياهب التخلّف ، مدركًا تمام الإدراك أن هذا التخلُّف هو ما سيُفجِّرُ حتمًا واقِع تلك الممالك مهما تشتدّ القيود ، وإمّا يسلك طريق تحويل مُثُلِهِ البينية إلى رموزٍ *(symbols)* تمكّنه من اللّحاق بدورة التاريخ الحاضرة مع الحفاظ على المظاهر التقليدية ، العائلية والوجدانية ، بالنّسبة إلى العائلة المالكة . (مملكة إنجلترا مثلا) .

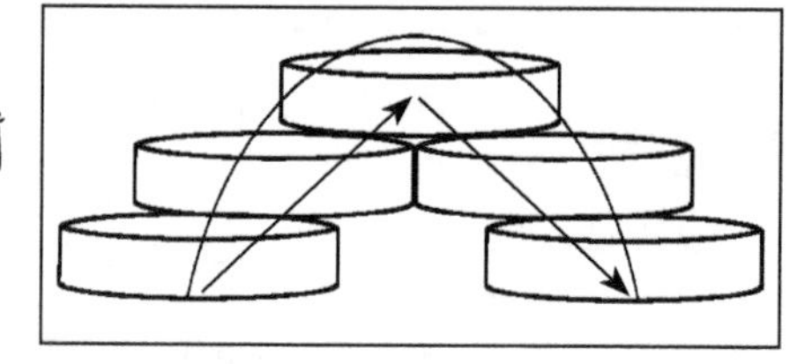

أو

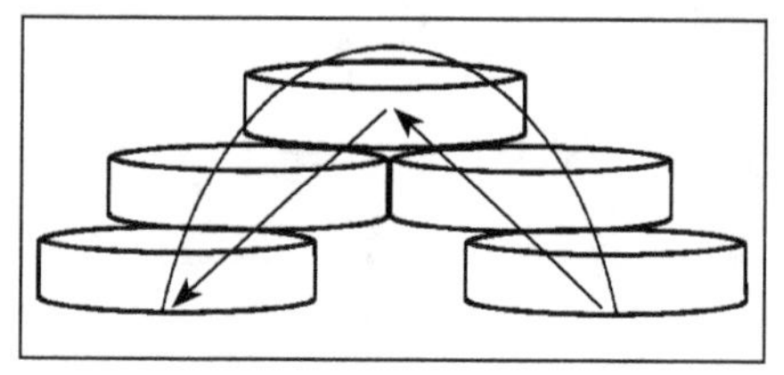

رسم ٩: الحكم الطبقي يتبع حركة القوس التاريخي العقيمة

VII. ما هو الحكم المِحوري الذي يوحي به الواقع اللبناني ويصلُح بامتياز كبديل عن الحكم السائد حاليًا في لبنان ؟

٣٢ - المحورية ، من وسع المجرّاتِ إلى جُزئيات الذرّة ، هي حالة حركة الخليقة الطبيعية[٢٩]. إنها تقتضي محورًا *(axis)* أو نقطةً مركزيةً أو نواةً *(nucleus)* ، قد تكون في المعنى المجازي كائنًا أو موضوعًا أو قضية ما إلخ ، يدور في فلكها على مدارات *(orbits)* معطياتٌ تزيدُ أو تنقصُ أهميّتُها بقدرِ ابتِعادها عن النّواة الأساسية ، ولكن من دون أن يُنتقص شيء من أهميّتِها في العامل الجاذبي والانجذابي لاكتمال الحركة الدّورانية وتوازنها وترابط جزئياتها والمحافظة عليها .

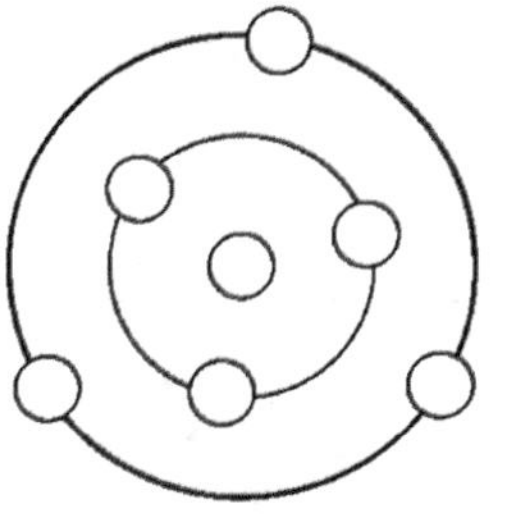

رسم ١٠ : كل شيء في الكون محوري

٣٣ - في النظم الديمقراطية الرئاسية ، كما في فرنسا والولايات المتحدة وروسيا اليوم ومصر (كي يكون لنا مثلا من الدول العربية) ، يُشكّل رئيس الجمهورية النواة التي تدور حولها مكوّنات الدولة كافة ، لأن في يدِهِ الحلّ والربط في السّلمِ والحرب .

---

(٢٩) يقول المثل الفرنسي: Chasser le naturel, il revient au galop

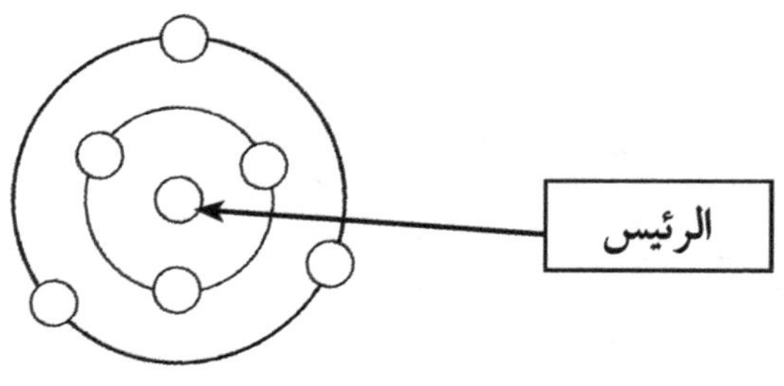

رسم ١١: النواة في النظام الرئاسي

٣٤ – قد يعتقد البعض أن النظام الرئاسي هو طبقي . هذا صحيح حين يكون الرئيس بالوراثة مثلاً ، أو يتمّ إيصاله وهْمًا من الشّعب ، أنما فعلا من فئة ضاغطة ، أو دولة أخرى ، أو حزب عقائدي توتاليتاري أو مجموعة اقتصادية معيّنة . فيتحوّل الشعب إلى مطية والرئيس إلى دكتاتور ، ويعود الجميع إلى الاصطفاف في الطبقية العقيمة الآنفة الذكر .

أمّا في حال وصول الرئيس بوسائل الديمقراطية العددية ، ولو كان صحيحًا ما يقال في ديكتاتورية الـ ٥١٪ ، أو بالتوافقية التي نشاهد عيّنات منها في لبنان كما في الإعلام العالمي ، يُصبح الرئيس فعلا النّواة وتدور الفئات المكوِّنة للدولة كافة على محاورها في فلكه ، بما فيها الفئات الضاغطة والأحزاب المعارضة .

لذا ، ومن أجل دوران حركة الحكم على نحوٍ أكثر انسيابيةً من خلال جدليةٍ توحيدية للقوى المتنافسة ، يجب أن يتمتع الرئيس ببعض الصلاحيات غير المشروطة التي تسمح له بوضع كل من المكونات الفاعلة في مكانها المناسب بين المدارات ، ووضع حد لكل ما يضر السلم والازدهار والصالح العام حسب الشرائع العالمية للأمم المتحدة .

سنناقش في الفصل الثالث موضع الصلاحيات كافة .

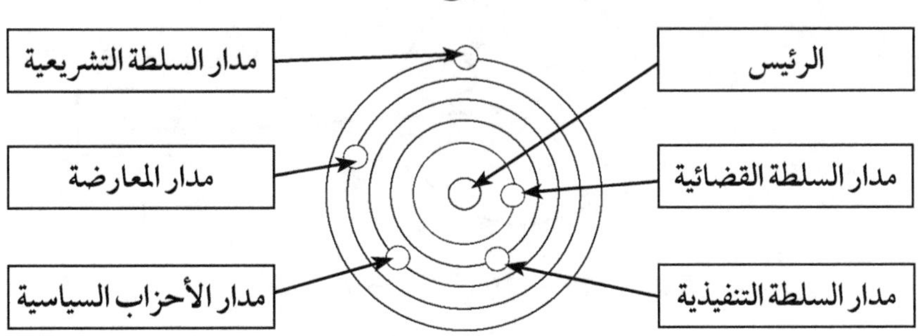

رسم ١٢ : محورية الرئاسة

٣٥ - وفي حال الأنظمة البرلمانية فالنّواة الأساسية في الجمهورية تكونُ الشعب المُتمثِّل بمجلِسه المُنتخب منه بطريقة سليمة ، وفي فلكه يدور مجلس الوزراء والقضاء ورئيس الجمهورية إلخ . لذا ، ينتخب مجلس الشعب الرئيس الذي يوليه الدستور الصلاحيات المذكورة أعلاه .

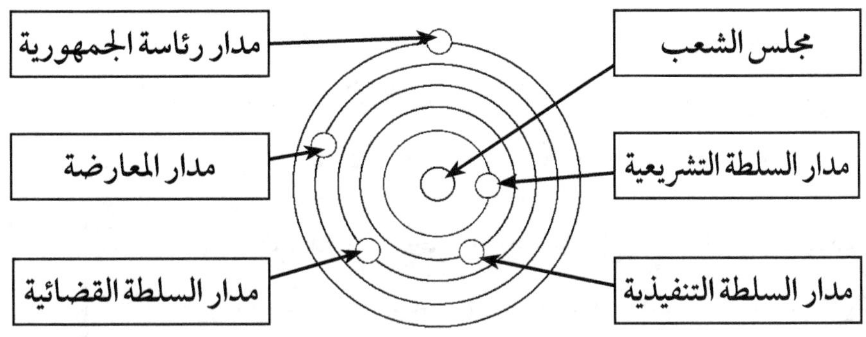

رسم ١٣ : محورية الشعب

٣٦ - قصد اتفاق الطائف شيئًا من هذا ، وما رأيناه في بدايات الجمهورية الثانية ، ولكن بشكل متخبّط نظرًا إلى النواقص التي

تُركت عمدًا ، على ما نعتقد ، أثبت تلك النوايا ، على أن تسُدّ الثغرات قوى الأمر الواقع ، الاقتصادية من جهة والعسكرية من جهة أخرى . فبدل أن يكون مجلس النواب[٣٠] هو النواة الوحيدة للجدلية التوحيدية بين المدارات اللبنانية ، أقيمت في العُمق ثلاث نويات محلّية تدور حول مِحورين خارجيّين عرفا في التسعينيات بمعادلة الـ «س- س» ، أي سوريا الأسد والمملكة العربية السعودية بما ومن تمثل . أما النَوَيات الثلاث فهي:

١- رئيس مجلس النواب المكلّف إتمام مهمّة زيادة عدد النواب وقبول التعيين حتى يتجذّر الطائف في الشعب ، من فوق ، خدمة للدكتاتورية التوافقية التي أسّست للطائف ،

٢- رئيس مجلس الوزراء المُنتظر منه محورةُ كلِّ شيءٍ حول إعادة الإعمار والمشاريع الاقتصادية التي لا يمكن بدونها اقتسام مغانم البقرة الحلوب حتى بعد سقوطها ، الأمر الذي نتج عنه أساس الدَين العامّ المعروف حاليًّا ،

٣- رئيس الجمهورية ، المحدود الصلاحيّات ، والقوي فقط بمن يُقويه ، والمُنتظر منه أن يوقّع على كل ما يُقدّم له ، مع حفظ حقوقه ، ثم يعترض ...

٣٧ - إن ما نعاينه اليوم في لبنان ، منذ استشهاد أحد أهم أصحاب المحاور عام ٢٠٠٥ ، ألا وهو الرئيس رفيق الحريري ، رحمه الله ،

---

(٣٠) وهو لغاية اليوم الممثِّل الوحيد للشعب ، لأن مجلسي الشيوخ والاقتصاديّ - الاجتماعيّ اللذين نصّ عليهما اتّفاق الطائف لم يريا النور بعد في المعنى الجائز والصحيح . في ما كنا قد تقدمنا به في كتابنا عن الجمهورية الثانية ، عام ١٩٨٧ ، حدّدنا أهمية تعدّد المجالس كما حدّدنا صلاحياتها وتعاونها منعًا للوقوع في ما أسمته المراجع الدستورية حكم المجلس الذي عرفته فرنسا الجمهورية الثالثة .

وبعد انسحاب الدولة السورية التي شكّلت محور السلطة الأمنية العليا (الخارجية) والتي اتّخذت مِمّن لا سلطة له درعًا واقيًا لها ، وحصول كل هذا في وقت تنتهي معه ولاية مجلس النوّاب ، المِحور الثالث في المعادلة ، يُثبِت أن المِحورية كانت خُبز الجمهورية الثانية اليومي ، لكنّ بسبب إساءة استعمالها لم تخدُم إلا مصالح نوياتها ومن تمحور حولها ، ومن التف على المتمحورين حولها .

نكرر: مع سقوط المحور الأساس عام ٢٠٠٥ ، ركيزة التوازن الطائفي

لتوافقي ، سقطت جمهورية الطائف في فراغ كامل جعل التمسّك بالرئيس المجدّد له آنذاك ، ثم من توالوا بعده ، الذين «ولدوا للرئاسة» ولادات قيصرية ، أمرًا أساسيًّا للحفاظ على دستورية ولو هشّة في البلاد . كاد هذا الفراغ يؤدّي إلى كارثة لولا أن استوعبتها ثلاثة محاور بديلةٍ متوازيةٍ ، ألا وهي محور «الولايات المتحدة-إسرائيل» هذه المرة ، ومحور قطر ، ومحور فرنسا (مع غياب دور المملكة العربية السعودية بسبب الوضع المتأزم في الشرق بينها وبين إيران) . كانت هذه المحاور الثلاث متّحدة ومختلفة في آن: متّحدةً على إبقاء لبنان في حالة «يْقوت ولا يْموت» ، ومختلفةً على تقاسم خصْخصتِهِ على الصعيدين الاقتصادي والسياسي الشرق أوسطي . وللحفاظ على ماء الوجه سُلِّمت مهمّة الاستيعاب هذه إلى الأمم المتّحدة كغطاء مشرّف ، فتحوّلت بدورها إلى محورٍ رابع ، أو الباب العالي الجديد ، الأضمن دوليا لتدخُّل الصهيونية في لبنان .

٣٨ - على أن الشعب اللبناني الذي بكى حظّه على ضريح شهداء ١٤ شباط ٢٠٠٥ ، والذي تحرّر ذهنيًّا ولو لوهلة ، بتأثير إعلامي ، واشتدّت أواصرُه بعض الشيء ، عاد ليُصدّق الحُلم اليائس بأن

محورية الجمهورية عادت إليه وحده من دون منازع ولا انقسامات طائفية بينه ، فشكّل تكتّل ١٤ آذار ورفض أي محورية غيرِ محوريّته التي قرّر التعبير عنها في انتخابات ٢٠٠٥ ثم أعاد الكرة في انتخابات ٢٠٠٩ و٢٠١٤ و٢٠١٨ ، ولسنا ندري إن كان سيجرِّب المجرّب من جديد عام ٢٠٢٢ . على أننا من دعاة عدم حصول إي انتخابات قبل تعديل الدستور تحت مظلة دولية كتلك التي رافقت اتفاق الطائف ، ليكون صنع في لبنان ولمصلحة لبنان فيما يخص تطبيق القرارات الدولية ذات الصلة(٣١).

٣٩ - على أن مجموعةً تُمثِّل قُرابة ثُلث شعب لبنان لم تقتنع حينها بما يحصل لقلة ثقتها بالمحور الأمريكي- اسرائيلي وعلى رأسه ، آنذاك ، الرئيس جورج بوش الابن ، ولتمسّكها بالمحور الإيراني المتصاعد والمستند لبنانيا إلى سوريا ومن خلالها إلى روسيا . هذه المجموعة أسست لتكتّل ٨ آذار ولها قضيّتها الوطنية التي أيّدها أيضا الشعب اللبناني يوم حرّرت جنوب لبنان عام ٢٠٠٠ وعطّلت مؤامرة التّقسيم الخطيرة عليه . تحولت هذه المجموعة بجناحيها السياسي والعسكري إلى محورٍ لبناني خامسٍ لا يُمكن تجاهله ، عنينا به اللبنانيين الشيعة . وبقيت هذه المجموعة خارج المُعادلة لأنها لم تجد في المحاور الثلاثة البديلة المذكورة آنفا من يمثّلها ، لا بل أصبحت محورًا مُستهدفا من أجل إلغائها عسكريًا أو تمْييعها سياسيًا من دون أي رؤية واضحة لمستقبلها . أمام هذا الواقع ، حافظت هذه المجموعة على ذاتيّتِها رافضة أي محور غير المحور المقاوم الرافض للتطبيع مع إسرائيل قبل

---

(٣١) راجع رسالة مؤرخة ٢٦ تشرين الأول / أكتوبر ٢٠٠٥ موجهة من الأمين العام للأمم المتحدة كوفي أنان إلى رئيس مجلس الأمن حول تطبيق القرار الدولي ١٥٥٩ .
Cf . https://undocs .org/S/2005/673

تطبيق القرارات الدولية ذات الصلة ، كاملة ، ومن قبل الأطراف كافة . راهن هذا التحالف الشيعي على انتخابات شريفة عام ٢٠٠٥ كي يُثبت من خلالها ، مع الشّعب اللبناني وله ، وجوب أن يكون شعبًا موحّدا بكامل مقوّماته ، ويكون النّواة الوحيدة التي تتمحور حولها الجمهورية اللبنانية . ولكن هذا لم يحصل لأسباب لم تخف على أحد ، بل اشتدّ الانقسام بين التكتّلين الجارفين ٨ و١٤ آذار ، وتلاه الفساد ، ما جعل البلاد تنحدر إلى أسفل المدارك . وكانت أولى الدعوات لعقد مؤتمر تأسيسي .

٤٠ – وبعد سنين من الاعتلال السياسي وصمّ الآذان لأي حوار على صعيدي الشرق الأوسط ولبنان ، وبخاصة سوريا ، وتمدّد جناح حزب الله العسكري للوقوف بوجه «أجندة التطبيع» بوجهيها «الربيع العربي» و«الإرهاب ذو الوجه الإسلامي السنّي» الذي برز من خلال منظمة «داعش» ، ومع بروز مشروع «صفقة القرن» من خلال السيد يارد كوشنر صهر الرئيس الأمريكي دونالد ترامب ، ومع تفشي الفساد على أعلى مراتب الدولة اللبنانية والمصارف ، المصرف المركزي ضمنا ، وتراكم الديون حتى عجزت الدولة عن دفع المتوجبات عليها في الوقت المناسب فاعتُبرت ، دوليا ، بحكم المفلسة ، هرّبت المصارف ، متّحدة ، أموالها إلى حيث لا يمكن للدولة اللبنانية أن تضع يدها عليها ... تزامن هذا كله مع انتفاضة جديدة عارمة عام ٢٠١٩ بسبب زيادة الضرائب (وقد سميت ثورة) لتنتهي ، وللأسف ، في فلك الربيع العربي المشؤوم مع أنها ، بالرغم من كل شيء ، حملت بعضًا من حلم الشعب المصرّ على استعادة حقه على دولته . ولا نزال جميعًا نعيش في صدمة ما حصل وما يحصل من ترك الشعب في ضبابية كاملة ، من دون مال ، من دون مقوِّمات دولةٍ وقانونٍ ، على الرغم من وجود دستورٍ ورئيسٍ للجمهورية ، ومجلس للشعب ومجلس للوزراء .

وها نحن اليوم ، في العام ٢٠٢٢ ، وبعد نهب أموال المودعين كافة ، وكارثة مرفأ بيروت ، وانهيار الاقتصاد ، يُطلب من الشعب اللبناني «السالك في الظلمات» والذي هاجر أكثر من نصفه أن يُقرِّر مصيره مجدّدا من خلال انتخابات خلال شهر أيار ٢٠٢٢ يفترُض فيها أن تكون نزيهة دون أن يكون في الأفق أي نافذة أمل للتغيير ولعدم الفساد . ناهيكم عن أن رئيس الحكومة الحالية ، السيد نجيب ميقاتي ، أعلن ، وبصراحة ، في الحادي عشر من شهر شباط ٢٠٢٢ بأن الدولة غير قادرة على تأمين أدنى متطلبات العيش المستور ، وطالب الشعب بأن يتحمّل مع حاكميه في هذه الظروف الصعبة بتأمين المال للدولة ولو من لقمة المعوزين . يا لها من سخرية ما بعدها سخرية! ومن أين ستأتي الدولة بالمال لخدمة الانتخابات ؟

٤١ - مكامن العِطل تجلّت وستتجلّى في أن المحاور الدّولية الثلاثة المذكورة آنفا ، تماشيا مع الظروف الدّولية ، ورغم احترامِ ما أتى وسيأتي المراقبون الدّوليون لأجله ، أي مراقبة الانتخابات المحتملة ، لن تتوانى تلك المحاور في عمل أي شيء كي تتمثّل في الواقع السياسي التنفيذي بتكتّلاتٍ وأشخاص يخدمون مصالحها وتحافظ على التوازنات الإقليمية بما يتناسب ومطامعها الاقتصادية والإقليمية .

في انتخابات ٢٠٠٥ مثلا ، إثر استشهاد الشيخ رفيق الحريري والانسحاب السوري الكامل من لبنان ، اختار الفرنسيون الحزب التقدّمي وتكتّل قرنة شهوان على رغم من صداقة الرئيس شيراك آنذاك مع آل الحريري التي لم تخف على أحد ، وهذا كان بارزًا في الإعلام أيضًا . ولم يكن بإمكان المملكة العربية السعودية الخروج من الفلك الأمريكي حِفاظًا على مكتسبات الطائف من جهة ، ولكون السلام الأمريكي للشرق الأوسط ألـ *(Pax Americana)* لا يمرّ إلا

من خلال المملكة ، من جهة أخرى .

وعليه توضّح آنذاك أن ما حصل في لبنان من أحداث خطيرة ، ودعوة البطريرك الماروني للقاء الرئيس الأمريكي بوش الابن ، لم تكن صدفة ، بل تزامنت مع أدقّ لحظات تنفيذ خريطة الطريق الإسرائيلية ، ووفاة الرئيس عرفات وانتقال السلطة ، ما أدّى إلى الانتهاء بانسحاب إسرائيل من غزّة والضفة .

٤٢ - وبما أن النويات (جمع نواة) الجديدة التقت عند المفاصل ذاتها ، وفي طليعتها الكشف عن جريمة اغتيال المغفور له الشيخ رفيق الحريري ، وإجراء الانتخابات النيابية في الوقت المحدّد من عام ٢٠٠٥ ، ركّز القائمون بالعصف الفكري الإعلامي على توحيد المعارضة ضد السلطة الأمنية ، وخصوصًا رئيس الجمهورية إميل لحّود ، النواة القديمة الوحيدة الصامدة ، مُنصِّبين أمام أعين الشعب والرأي العام العالمي مثالاً بينيًّا جديدًا ولو ظرفيًّا هو تكتّل ١٤ آذار ، وقد أسماه الرئيس الأمريكي آنذاك ثورة الأرز ، وذلك لكي يُقيموا محورية تعزل حزب الله باسم الديمقراطية العددية . وخوفًا من أن تقف شعبيتي العماد عون المنفي وسمير جعجع المسجون ، ضدّ هذه المحورية ، سارعت المعارضة ، بمباركة السفارات ، إلى فتح الأبواب لهما على أمل أن يقفا في الصّف نفسه ، وكان ما كان .

لكنّ العوامل القديمة الجديدة ، منها الإقليمي ومنها المحلي ، التي وضعت *veto* على تزعُّم رئيس الحزب الاشتراكي لخطّ ١٤ آذار ، أعطت في الوقت نفسه زخمًا للتيار العوني الممتد من الشمال إلى الجنوب ، المعارض «مبدئيا» للإقطاعية السياسية الجديدة-القديمة التي تحاول الحلول مكان الدولة السورية . كان هذا ، ولو لوهلة ، لصالح

ديمقراطية أكثر دينامية وخصب على الرغم من كل ما شاب انتخابات ٢٠٠٥ ، والانتخابات التي تلتها لغاية ٢٠١٨ ، من عيوب .

٤٣ - إذًا ، سقطت نواة المحورية الأحادية المهدِّدة للديمقراطية الصحيحة كما للتوافقية السليمة ، عنينا بها سقوط التوصّل إلى مجلس نيابي من لون واحد ، وبرزت من جديد نويات متعدّدةٌ وُضِعت كلها في خانة الطائفية ، حتى تلك التي أعلنت صراحة لا طائفيّتها كالتيّار العوني والحزب الاشتراكي . وهكذا عادت الطائفية سيدة الموقف .

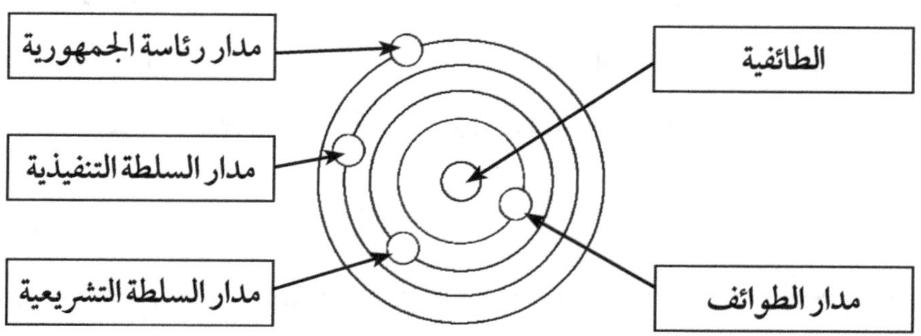

رسم ١٤ : محورية الطائفية اللاغية للعدالة ولكينونة الشعب

٤٤ - أصابت جماهير تكتّل ١٤ آذار خيبةٌ كبيرة تكرّرت بعد كل انتخابات ، وبشكل صارخ بعد انتخابات ٢٠١٨ ، مع سقوط كل الوعود بتأمين أبسط مقوِّمات كرامة الإنسان وبخاصة الكهرباء ، كما مع مشاهدة الدّين العام يتراكم على أجيال الشعب قبل أن تولد ، إذ باتت الدولة عاجزة عن تأمين ما يكفي لخدمة الدين العام . وطار الحُلم مرةً أخرى لا بل تحوّل إلى إحباط قاتل بعد نهب مدَّخرات صندوق ضمان المتقاعدين ، ومدَّخرات الطبقتين العاملة والوسطى من قبل المصارف بالتكافل والتضامن من المصرف المركزي المحكوم من الطبقة السياسية الفاسدة أكثر منه من حاكم حرّ حريص على المال العام ، وتدهوُر سعر

صرف الليرة بشكل مريب ، وكل ذلك من دون رؤية لأي أفق جديد لما بعد انفجار مرفأ بيروت وانفجار أزمة إفلاس الدولة اللبنانية .

اليوم ، ٢٠٢٢ ، الشعب بأسره يصرخ ألمًا ، كل من وجعه الخاص ، أما المطلب الأوحد والموحِّد الذي يجب المطالبة به ليس بنظرنا استعادة الأموال المنهوبة ، ولا معاقبة المرتكبين ، ولا محاكمة «حزب الله» وإلغائه ، بل وضع دستور جديد للبنان يُعيد للشعب بعض حُلمه بأن يكون هو المحور الأساس والنهائي والوحيد لجمهورية ديمقراطية برلمانية سليمة التركيب والتي نساهم ، بكتابنا هذا ، بالرؤية المناسبة لها مع ثقتنا بأنه ، إن اعتُمدت ، ستنقل لبنان من مصاف الدول المفلسة إلى مصاف الدول الراقية فعلا .

٤٥ - بهذا فقط ، بـ «مؤتمر دستوري استثنائي» وبضغط دولي لتطبيق نتائجه كما لتطبيق القرارات الدولية المذكورة آنفا ، بخاصة القرارين ١٦٨٠ و١٧٠١ ، يكمُن التوصُّل إلى حلّ معضلة لبنان الشديدة التعقيد ، والترقّي بالكرامة إلى استقرار ملحوظ ، وسلام أطول أمدًا للأجيال الصاعدة ، ووطن لائق باسم لبنان .

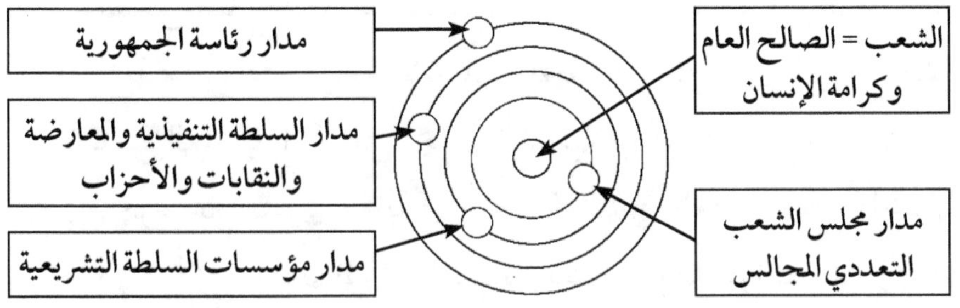

رسم ١٥ : محورية الصالح العام وكرامة الإنسان

VIII. ما هي الآلية للتوصّل إلى هذا الهدف ؟

٤٦ – هذا ما كان وما سيكون موضوع التصوّر التالي الذي قد عنونّاه ، في العام ١٩٨٧ ، «الجمهورية الثانية: مشروع الإنسان من أجل السلام في لبنان» والذي نستعيده اليوم ، بما أن الزمن لم يأتِ على شيء من معطياته بعد ، تحت تسمية «الجمهورية الخامسة ، ألحل للمعضلة اللبنانية» ، مع ازدياد اعتبارنا إياه الحل الأمثل والرؤيا الأفضل للكرامة والسلام .

٤٧ – ما أحوجنا اليوم ، شعبا وأفرادا ، إلى الحكمة المعطاة من خالق الكون ، ورأس الحكمة حتما هو «مخافة الله» ، تساعدنا في طريقنا للخروج من الوضع الحالي لهذا الوطن الذي وصفه القديس يوحنا بولس الثاني بالرسالة للإنسانية وبالنموذج للعيش المشترك في الشرق الأوسط والعالم[٣٢]. ألا تكفي هاتان الصفتان كي تعتبر الأمم المتحدة ، بخاصة اليونسكو ، أن إنقاذ لبنان من مخرِّبيه هو إنقاذ لموقع تراثي بشري ؟ ألا ينبغي أن يكون لبنان ، من هذا المنظور ، على مستوى طموحات شعبه الراقي ، ويكون شعبه على مستوى اسم وطنهم المذكور ، مع أرزه ، أكثر من مئة مرة في الكتاب المقدس ؟

٤٨ – وبما أن هذه الهدية الثمينة للبشرية ، «لبنان» ، قد وقعت في هيمنة نظام العولمة ليطحنها ، ومن ثم لتبتلعها شركات النفط والغاز القابضة والدول التي خلفها ، أفلَيس لنا الحق في التساؤل عما إذا كان هناك مخطّط خفي ، أو قرار دولي باطني بإخضاع لبنان بكل ثرواته الطبيعية والاقتصادية «لتجار الهيكل» العالميين ، وبخاصة عند جارته الجنوبية ؟

---

(٣٢) القديس البابا يوحنا بولس الثاني ، الإرشاد الرسولي رجاء جديد للبنان ، ١٩٩٧.

٤٩- منذ عام ١٩٧٣ ونحن مقتنعون بوجود مثل هذا المخطّط . ويرجع ذلك إلى ما كان من دعم لبنان المستمر للقضية الفلسطينية وفقًا لقرار الأمم المتحدة رقم ١٩٤ (III) الصادر في ١١ كانون الأول / ديسمبر ١٩٤٨ بشأن حق الفلسطينيين المهجّرين في العودة إلى ديارهم وممتلكاتهم . نعم ، كان ذاك المخطط بمثابة فرضية ، ولكن في الوقت الحاضر ، وبعد صفقة القرن للسيد يارد كوشنر ، أصبح الأمر جليا .

٥٠- هل يستطيع أي عاقل لبناني أو عالمي أن يثبت العكس ؟ وإن كان هذا صحيحًا وفي تطبيق تصاعدي ، ألا نكون قد وُضعنا كشعب لبناني ، وكوطن ، أمام السؤال الحتمي المتساوي في الجدية مع ما يعبّر عنه الأديب البريطاني شكسبير من خلال مسرحية «هاملِت» بقوله: " أكون أو لا أكون ؛ هذا هو السؤال ." ألا ينتج عن هذا الاقتباس سؤال من الأهمية نفسها: ماذا وكيف سيكون الوطن اللبناني العتيد ؟ ولدقة أكثر ، وتفاديا للعقم في البحث نسأل: أي حركة ديمقراطية قادرة على أن تصل بنا إلى لبنان الإنسان الذي قرارُه بيد شعبه .

وها رؤيتُنا نتقدم بها للشعب اللبناني . إنها غير مُنزلة ، وقابلة للنقاش ، ومن كان لديه مشروعٌ مماثلٌ موثّقٌ فليتقدّم به للجنة وطنية يُشكّلها رئيس الجمهورية ، المؤتمن على الدستور ، من أعضاء مجلسي القضاء الأعلى والدستوري للبدء بأعمال مؤتمر تعديل الدستور على أن يشارك فيه اختصاصيون دوليون ويكون برعاية الأمم المتحدة:

> فإنه ليس بتسوّل الأموال ولا باقتراضها ولا بالهبات المشروطة ولا بتعليق المشانق لمن خان أمانة الشعب ونهب المال العام يُنقذ الوطن ، إنما بتصحيح القواعد الدستورية التي أسَّست للخيانة والجرائم العامة ، وعطّلت المراجع الدستورية واستقلالية القضاء .

الجزء الثاني

مبادئ نظام الجمهورية الخامسة

دراسة مقارنة بين نصّ الجمهورية الثانية[٣٣] ووثيقة الطائف من أجل لبنان الجمهورية الخامسة .

ملاحظة مهمة: من الآن وصاعدا سيلتقي القارئ بحواشي من هذا النوع ((#)) . إنها تشير إلى المادة المقابلة من نص وثيقة الطائف الملحقة ربطاً اعتباراً من الصفحة ١٠٤ .

---

(٣٣) روحانا ، الأب ميخائيل ، الجمهورية الثانية ، إصدار خاص ، بيروت ، طبعة ثانية ، ١٩٨٨ . في عملية التبويم هذه ، تم استبدال كلمة الثانية بـأل خامسة وإضافة بعض التعديلات الضرورية نظرًا إلى التغيُّرات الإستراتيجيّة التي حدثت خلال الثماني عشرة سنة الفائتة . أمّا اعتمادنا تسمية الجمهورية الخامسة فللسببين التاليين:

أولاً: لأنه عملا بتاريخ الجمهوريات في فرنسا ، أتت الجمهورية الخامسة كخلاصة لما سبقها من جمهوريات تعثّرت ، ولم تدُم ، فدامت هذه بفضل التوازن والديناميّة التي تحلّت بها ، ما أوصل فرنسا إلى استقرار صعُبت زعزعته على رُغم سقوط الجنرال ديغول ... وتزاوج الرأسمالية مع الشيوعية والاشتراكية؛

وثانيًا: لأنني واثق من أن السياسيّين التقليديين يُفضِّلون صعود الجمهوريّات درجةً درجة حتى يتمكّنوا من استيعابها ومنع المسّ بالحقوق الإقطاعية المحفوظة . بينما الأحداث التي عبر بها لبنان منذ الطائف وانتهاءً بانفجار ٤ آب ٢٠٢٠ لا تسمح بأن نُجرِّب المُجرّب ...

الفَصْلُ الأوّل

اقتراح مقدّمة لدستور جديد ((١))

كانت الرغبة ، مع من حاورتهم بشأن هذه المقدمة للدستور الجديد ، أن نعتبر شرعة حقوق الإنسان[٣٤] بكاملها والاتفاق الدولي في ما يختص بالحقوق الاقتصادية والاجتماعية والتربوية[٣٥] والاتفاق الدولي في ما يختص بالحقوق المدنية والسياسية[٣٦] كمقدمة لا يمكن فصلها عن الدستور العتيد ، على أن بعض النقاط التي تتماشى والعالم الجديد لا تناسب حتى الآن ، وحتى إشعار آخر ، عالمنا القديم ، ولا سيّما تركيبة الشرق الأوسط الخاصة ، فمال الرأي إلى استخلاص المبادئ الأساسية من روح النصوص المذكورة أعلاه مع الحرص على الشمولية التي تجمع والابتعاد من التفاصيل التي تفرّق ، فأتت المبادئ على هذا الشّكل:

- اعتبار الشخص البشري إنسانا كامل الحقوق والواجبات هو المقياس الأوّل والأساسي لجميع تطلعات الجمهورية الخامسة[٣٧].

---

(٣٤) The Universal Declaration of Human Rights .

(٣٥) The International Pact of Economic Social & Cultural Rights .

(٣٦) The International Pact of Civil and Political Rights .

(٣٧) ومفهوم الإنسان person يتضارب أساسا مع مفهوم الفرد individual لارتباط الأول جوهريًا بجماعة ، بينما الثاني يعني العُزلة عن الآخرين .

- نظام الدولة اللبنانية لا طائفي ، يعمل للصالح العام وسلامة المواطنين وكرامتهم أفرادًا وجماعات ، ويحترم كل بنود الدستور العتيد التي تتعلّق بالطوائف وحقوقها وواجباتها .
- المساواة والعدالة المدنية بين جميع المواطنين ذكورًا وإناثاً .
- [تمييز المذاهب الستّ الأساسية ، حتى إشعار آخر] ، [٣٨] بمساواة سياسية على صعيد المراكز الرئاسية الستة التي سيرد ذكرها لاحقا .
- مبدأ المعاملة بالمثل في العلاقات الداخلية والدولية .
- العودة في الخلافات ، حول حقوق الإنسان والجماعات والعلاقات الدولية ، إلى مراجع الأمم المتحدة والمحاكم الدولية والتزام قراراتها .

(٣٨) اعتمدنا هذين القوسين للدّلالة على الإضافات التي احتجنا إليها ، فأضفناها الى النصّ الأساسي للتوضيح وعدم ترك إمكانية للتأويل . المقصود بالإشعار الآخر هنا ليس إلغاء الطائفية ، إنما دخول طائفة أو أكثر على طاولة تداول المراكز الرئاسية .

الفصل الثاني

في هوية لبنان

إن النظام البرلماني المطلق مع تعدّد المجالس هو ، بحسب معطياتنا ، النظام الأنسب لوطننا من أجل تأمين الإجماع في القاعدة والعدالة والمساواة بين الجميع ، أفرادًا وجماعات .

نتوقّف في هذا الفصل عند نقطتين نعتبرهما أساسيّتين بالنسبة إلى الجمهورية الخامسة:

الأولى : توضيح مضمون البرلمانية الديمقراطية المتوخّاة للجمهورية الخامسة .

الثانية : الإعلان الصريح عن هوية لبنان العربي .

أولاً:

[على الجمهورية الخامسة ، كي تكون بالفعل جمهورية خامسة ، أن تتميّز من الجمهوريّتين الأولى والثانية ، خصوصًا من جهة فلسفة نظام الحكم ، وأن تستبق أي محاولة قد تتّخذ اسم الجمهورية الثالثة أو الرابعة ، وقد اخْتَبَرَتْهُما فرنسا خلال تاريخها] .

إن ما شكت منه الجمهورية الأولى هو عدم وضوح النظام البرلماني ، إذ إن الصلاحيات التي تحلّى بها رئيس الجمهورية جعلت النظام أشبه بالرئاسي ، ما آل به إلى ازدواجية سبّبت المقاطعة التي شكا منها لبنان الاستقلال .[٣٩] أما اتفاق الطائف ، المتدرِّج بالفترة الانتقالية التي لم تنته حتى الآن ، فقد وصل بالجمهورية الثانية إلى ثلاثية الرؤوس ، [على ما ذكرنا في سرد نظرية الحكم المحوري] ... من هنا نرى أنه من الضروري أن يُوضِّح الدستور الجديد أن النظام في لبنان هو ديمقراطي برلماني مطلق وليس رئاسيًّا ولا مجلسيًّا بمعنى تحكُّم مجلس الوزراء في الحركة السياسية ككل ، كما حدث مع وزارات الطائف المتتالية ، حيث سهلت إدارتها من الخارج . أننا نعتبر عدم وضوح هذه النقطة في الدستورين السابقين أهمّ عامل لعدم تطوّر الجمهورية الأولى والثانية في لبنان كما يجب .

إن التناقض بين مبدئي فصل السلطات والتوازن بينها وثنائية السلطة التنفيذية بين مجلس الوزراء ورئيس الجمهورية أو ثلاثيّتها بإضافة رئاسة مجلس النواب إليها من أجل تأمين مبدأ عدم مسؤولية رئيس الجمهورية ، تحوّل إلى أساس لعدم التوازن والانقسامات الطائفية لأن هيمنة مسؤول أوّل على مسؤول أوّل آخر (رئيس الجمهورية ورئيس الوزراء مثلا) تعني ، في لبنان ، كما في دول الشرق الأوسط كافة على صعيد الشعب ، هيمنة الطائفة التي ينتمي إليها الأول على الطائفة التي ينتمي إليها الآخر .

نستنتج أن أوّل خطوة لا بدّ منها لمقاربة حلٍّ آني ولوضع أساس مستقبلي متين للبنان هي العودة إلى النظام الديمقراطي البرلماني المطلق[٤٠] .

---

(٣٩) زينة ، نبيل بهيج ، الدستور اللبناني ، بيروت ، حزيران ١٩٧٨ ، ص ١٢٩-٢٠٠ .

(٤٠) تيّان ، الدكتورة ندى . محاضرات في القانون الدستوري . أمانة شؤون المطبوعات في الجامعة اللبنانية ، كلية الحقوق والعلوم السياسية والإدارية ، ١٩٧٧ ، ص ١٠١ .

يلي توضيح مبادئ هذا النظام وحسناته على الوضع اللبناني ، من دون أن ننكر أن ما من شيء إلا وله سيئات:

إن الديمقراطية تعني النظام الذي يحكم فيه الشعب بوساطة ممثلين ينتخبهم بملء حريته(٤١) .

إن الشعب هو مصدر السلطات وصاحب السيادة يمارسها عبر المؤسّسات الدستورية ، ولا يجوز لممثلي الشعب ، بأي شكل من الأشكال ، أن يُجيّروا الثقة أو السلطة التي أولاهم إياها الشعب ، والشعب بكامله ، لأي شخص آخر(٤٢). لذا كان البرلمان ، أي مجلس الشعب ، هو الممثل الشرعي الأول والأساسي للشعب وصاحب السلطة الأولى . هذه السلطة تخوّله أن ينتخب رئيسًا للجمهورية يمثل الوطن ويساهم في أمور عدّة قد تُوكل إليه . يشدّد الاختصاصيون في علم الدستور على أنه لا يحق للمجلس أن يُجيّر سلطته لرئيس الجمهورية كما حدث في ظروف استثنائية في فرنسا . إذًا ، في النظام البرلماني المطلق: يكون لرئيس الجمهورية من الصلاحيات ما يوليه إياه المجلس المنتخب من الشعب . لا يكون الحكم رئاسيا إلا متى انتخب الشعب مباشرة رئيس الجمهورية ... (٤٣)

---

(٤١) الخطيب ، أنور . المجموعة الدستورية ، مؤسّسة عاصي للأعلام والتوزيع ، الطبعة الأولى ١٩٧٠ ، القسم الأول ، الجزء الأول ، ص ٤ .

ملاحظة: اعتمدنا للدلالة على المجموعة الدستورية حَرفَي م . د . متبعة بالقسم ثم بالجزء ثم بالصفحة .

(٤٢) م . د . ١/١ ص ٢٢٧ - ٢٢٨ .

(٤٣) م . د . ١/٢ ص ٧٤ .

مبدئيًّا ، كما تقول الدكتورة تيّان ، لا تتعدى صلاحيات رئيس الجمهورية في النظام البرلماني المطلق مهمّتي تعيين رئيس الوزراء وقبول أوراق اعتماد السفراء والقناصل((٢)) . كل ما تبقّى من صلاحيّات السلطة التنفيذية يُناط برئيس الوزراء الذي لا يمكنه مباشرة أي عمل قبل الحصول على ثقة «المجلس» ، بالوزارة وببيان رؤيتها . إذًا ، من خلال هذا نلاحظ تفوّق سلطة البرلمان على السلطة التنفيذية إذ في إمكانه أن يحجب الثقة عنها حين يشاء .

عاشت فرنسا هذه الخبرة إبان الجمهورية الثالثة . ويقول مؤرّخو تلك الحقبة أن فرنسا ما عرفت عهدًا أقلّ مشاكل من عهد الجمهورية الثالثة رغم كثرة التقلّبات فيه بسبب تغيير الوزارات[٤٤].

لنتوقف قليلاً عند هذه النقطة ، قبل معالجة بعض التعديلات التي نرغب فيها للجمهورية الخامسة: إذا ما طغت سلطة المجلس النيابي (السلطة التشريعية) على السلطة التنفيذية المتمثّلة برئيسها ، كما على سلطة رئيس الجمهورية ، فأي طائفة تكون قد طغت على الأخرى ؟ إن الفرد قد يمثّل طائفته ، وكرامته قد ترتبط بكرامتها ، أما المجموعة المشكّلة ، كمجلس النواب ، فهل تُمثّل طائفة معيّنة ؟

إن لم يكن الأمر واضحًا فعلينا توضيحه: إن مجلس النواب ، ولو كثر فيه الدين نسبةً إلى المؤمنين فيه ، يخلو كمؤسّسة من الطائفية . وإذا ما طبّقنا مبدأ «أرد لغيرك ما تريده لنفسك» ، لسلك هذا المجلس في تقصّي مصلحة الوطن وعائلاته وأفراده ، وإعطائها الأولوية على كل ما هو خاص ، وذلك من دون مشاكل تُذكر .

---

(٤٤) م . د . ١/ ٢ ص ١٨٢ - ١٨٤ ، ١/ ١ ص ٣٦١ .

نضيف إلى ذلك أنه ، في الحالات المتعارف عليها علميا (أي ما لم يعرفه بعد لبنان) ، إذا طغى دور المجلس في النظام البرلماني المطلق على السلطة التنفيذية ، فهذا لا يُترجم أبدًا هيمنة طائفة على أخرى ، بل هيمنة إرادة الشعب في أكثريته على الإرادات الفردية التي تربِط بكرامتها كرامة طائفتها . إن مصلحة أكثرية الطوائف والشعب بكامله هي أهم بكثير من مصلحة طائفة واحدة؛ ولكي نتجنب الإشكالات غير المرضية ، نصرّ في الجمهورية الخامسة على إقصاء المسؤوليات الأولى في الدولة عن الأفراد ، فيعود القرار في كل الأمور الأساسية لمجموعات دستورية *(collegiality)* ، ومجلس النواب أساسًا .

إذًا ، نكرر ، إن مجلس النواب في الحالات المتعارف عليها علميا ، هو قلب الوطن ومركز التوازن السياسي (العقلاني) والطائفي (العاطفي) فيه ، على ألا تغيب عن الجمهورية الخامسة سلبيات النظام البرلماني المطلق هذا ومخاطره ، خصوصًا حين يكون محصورًا في مجلس واحد[٤٥] وبرئيس من الطائفة ذاتها على الدوام .

يثبت تاريخ الدساتير في العالم هذا الأمر . لذا عملنا ، استنادًا إلى التركيبة اللبنانية ، على تفادي السلبيات بخلق توازنٍ مجلسي يساهم في تأمين ضمانات مهمة للسلطة التنفيذية ، وفي تأدية العون السديد لمجلس النواب .

---

(٤٥) م . د . ١/ ٢ ص ١٨٢-١٨٤ ، ١/ ١ ص ٣٦١ .

إن الحلول المطروحة هي كالآتي:

١ – توسيع القاعدة الانتخابية لتشمل المقيمين والمنتشرين .[٤٦]

٢– نظام انتخابي يؤمّن تمثيل الأقليات ، ولا يحدّد عدد النواب طائفيًّا . أنه نظام التمثيل النسبي الذي سنتحدث عنه لاحقًا .

٣– اعتماد تعدُدية المجالس *Multicameral*. فإضافة إلى مجلس النواب يجب اعتماد مجالس أخرى تنصح بها العلوم الدستورية والسياسية والخبرة الناجحة لها في عدة دول ، منها فرنسا ويوغوسلافيا سابقا .[٤٧]

أنواع المجالس قد تكون:

مجلس شيوخ (نصّ عليه الطائف)

مجلسًا اقتصاديا اجتماعيا ، (نصّ عليه الطائف)

مجلسًا تربويا ، مجلس الطوائف وغيره ...

نعود فيما بعد لدراسة هذا الموضوع مفصّلاً .

إن ما يهمّ استخلاصه الآن لتوضيح موقف الجمهورية الخامسة من النظام الديمقراطي البرلماني المُطلق الذي نؤيّده ، هو أن الضمانات لعدم الوقوع في سلبيات هذا النظام الجديد ، وغير الجديد في آن واحد ، ليست [فقط] بالتوازن والفصل بين السلطات ، التشريعية والتنفيذية والقضائية ، أنما بخلق مجالس ذات اختصاص ، وبصلاحيّات مهمّة تُخفّف من تسلّط المجلس الواحد على الحكومة . يُمكن لتلك المجالس تأييد الحكومة ووضع عوائق في طريق مجلس النواب أمام حلّها كلما ارتأى ذلك . وسيكون لنا فصلٌ خاص في رؤيتنا للمجالس ونوعيّتها

(٤٦) هذا ما لم يأت على ذكره الطائف .

(٤٧) م . د . ١/١/ ص٣٣٦ و٣٦٤ – ٣٦٥ .

ونوعية تعاونها معًا ، ومع السلطة التنفيذية ، وتحديد صلاحيّاتها وطريقة انتخابها أو تعيين أعضائها .

أن النظام البرلماني المطلق ، مع تعدد المجالس ، هو بحسب معطياتنا ، النظام الأجدى لوطننا لبنان من أجل تأمين الإجماع في القاعدة ، والعدالة والمساواة بين جميع اللبنانيين أفرادًا وجماعات .

ثانيـًا:

أمّا النقطة الثانية من موضوع هذا الفصل ، الذي نحدّد فيه بعضًا من هوية لبنان ، فهي عروبة لبنان . [لا يعتقدن أحد بأن هذه النقطة لا تخصّ سوى لبنان . فإن دولاً عدّة باتت تميل إلى تفضيل الانتماء الإسلامي الأصولي على الانتماء العربي الحضاري الذي هو الوجه المعتدل والصّريح والجامع لمسلمي العالم مع الناطقين بالعربية من ديانات أخرى] .[٤٨]

لبنان ، دستوريًّا ، عربي الهوية والانتماء ، وهو عضو مؤسّس وعامل في جامعة الدول العربية وملتزم مواثيقها .

إننا إذا سلّمنا بهذا الانتماء للبنان الجمهورية الخامسة ، نضع حداً لكل من يزايد علينا في الوطنية الصحيحة . عروبة لبنان الحضارية شاءها مسيحيّوه ، وخصوصًا الموارنة فيه قبل غيرهم يوم ابتدأوا ، في أيام البطريرك العلامة اسطفان الدّويهي ، بنقل تراثهم السُرياني إلى الكرشوني أي اللّغة العربية المكتوبة بالحرف السرياني ، وبالتالي يوم لم يتوانوا لحظة واحدة عن إعادة إحياء اللّغة العربية وتنميتها وتنظيمها

---

(٤٨) ليبيا مثلا ، تحت حكم القذافي ، رفضت الانتماء العربي وانسحبت من الجامعة العربية .

بعد مرور ما يناهز الألف سنة على انحطاطها ، ويوم أسّسوا ودعموا العروبة السياسية ضدّ العثمانيين واستعمارهم ، وأخيرًا وليس آخرًا حين رضي ممثّلوهم بما لا يُمكن إلا الموافقة عليه ، إلا وهو انتساب لبنان إلى جامعة الدّول العربية ، وتبنّيهم مواقفها ، وحمْلُ بطاركتهم ، بالتنسيق مع حاضرة الفاتيكان ، للقضية الفلسطينية العربية ، كقضيتهم ، وقد زايدوا فيها ، وذهبوا إلى أبعد من غيرهم .

أن انتماء لبنان إلى محيطه العربي ليس فقط واجبًا بسبب اللّغة العربية بلهجاتها الجامعة للّبنانيين منذ الاستقلال ، المضمّخة كلها بالجذور السريانية التي يتم الكشف عنها ، أكاديميا ، منذ فترة غير قصيرة ، بل أيضا بسبب الانتماء المشرقي العربي لمعظم عوائله وهذا واضح من أسماء العائلات والعادات والتقاليد التي ندعو ، من خلال كتابنا هذا ، إلى تنقيتها من كل شوائب الكراهية والحقد والفوقية ، إلخ .

نضيف إلى ذلك أن الصفة العربية للبنان قد تمّ الاتفاق عليها في لوزان ، سويسرا ، عام ١٩٨٤ ووافق عليها ممثلو المسيحيين الذين اشتركوا في أعمال المؤتمر آنذاك .

أمّا تمسُّك المعارضين لهذا الانتماء بذريعة العرقية ، بهدف وضع العِصي في الدواليب ، فنتمنّى عليهم أن يعيدوا النّظر في موقفهم على أُسُس علمية واقعية توفّر لهم ما يجنّبهم عناء مواجهة لا نتيجة منها ، فلا مكان للعرقية في بلد اندمجت في نسيجه عروق البشرية جمعاء .

> لبنان جمهورية عربية ، برلمانية مع تعدد مجالس ، مستقلّة ، مسؤولة عن قرارها ، ذات وحدة لا تتجزأ ، هي الهوية السياسية والاجتماعية التي نريدها للبنان الجمهورية الخامسة ((٣)).

الفصل الثالث

السّلطات في الجمهورية الخامسة ، تعاونها المتبادل وتوازنها

أن مجلس النواب هو قلب الوطن ومركز التّوازن السياسي (العقلاني) والطائفي (العاطفي) فيه .

أسوةً بالجمهوريات كافة ، علينا ، لجمهوريتنا العتيدة ، أن نتدارس وضع السلطات فيها وفصلها وتوزيع الصلاحيّات وتوازنها فيها .
السلطات التقليدية هي:

السلطة التشريعية (ثلاثة مجالس):

السلطة التنفيذية .

السلطة القضائية .

- الصلاحيّات الدستورية لمجالس السلطة التشريعية

النظام في الجمهورية الخامسة قائم على الفصل بين السلطات وتوازنها وتعاونها:

I - السلطة التشريعية تتكون من ثلاثة مجالس:

إن هدفنا من خلال توسيع التمثيل الشعبي عبر توسيع البرلمان وتعدّدية المجالس هو إلزام إشراك الطوائف الستّ والطوائف الإحدى عشرة الباقية في القرار والبناء والتطوير .

١ - مجلس النّواب:

أوّل أساس للنظام البرلماني المُطلق هو مجلس النّواب (ممثّلو عامّة الشعب) الذي تُناط به السلطة التشريعية بحسب ما هو متعارف عليه دوليًّا . يُمكن توسيع هذا المجلس عدديًا ، كما ذكرنا سابقًا ، ويعمل على أن يشمل أيضًا ممثلين عن القسم المغترب من الشّعب اللبناني .((٤))

٢ - مجلس الشيوخ

المجلس الثاني الذي نطالب به هو مجلس الشيوخ . ويُستفاد في هذا المجال من خبرات دول كثيرة . أما ما نرغب فيه ، كمجلس شيوخ للجمهورية الخامسة ، فهو مجلس يشمل أعضاء بالانتخاب وأعضاء بالتعيين . أما المنتخبون منهم فيؤمّنون توازنًا وضمانات إضافية ، ليس فقط للطوائف بل أيضًا لجميع المناطق اللبنانية (المحافظات) ، فيدافعوا عن حقوق المناطق المغبونة منها .((٥)) أمّا الشيوخ الذين يكتسبون عضويّتهم بالتعيين ويجب أن يُستفاد من خبراتهم التي اكتسبوها في أثناء قيامهم بمسؤولياتهم الرسمية فهم: رؤساء الجمهورية السابقون ، ورؤساء الوزارات السابقون ، والوزراء أو المدراء العامّون السابقون ، ورؤساء المحاكم وغيرهم من رجال سياسيين وعسكريين ، على أن

يُتّفق ، في أثناء مناقشة هذا التصوّر الدستوري مع الاختصاصيّين ، على أيّهم أولى بالعضوية .

هؤلاء تعيّنهم إدارةُ مجلس النواب لأن التعيين يجب أن يسبق انتخاب رئيس الجمهورية ، ولأن على مجلس الشيوخ أن يشارك في انتخاب رئيس الجمهورية ، كما سنرى لاحقًا .

ومن الأعضاء الذين يُعيّنون أيضًا رجلا دين عن كل طائفة من الطوائف الإحدى عشرة الأخرى والمعترف بها من الدولة ، يقدّمهم رؤساء طوائفهم .

أمّا عدد الأعضاء الذين يُنتخبون انتخابًا ، ويمثّلون المحافظات ويدافعون عن حقوقها ، فهم اثنان على الأقلّ عن كل محافظة ، والعدد نفسه عن كل بلد اغترابي يزيد عدد المنتشرين فيه على عدد يحدّد بالتوافق (قد يقارب معدّل عدد السكان في مجموع المحافظات) .

أن تصوّر الجمهورية الخامسة لما يختصّ بهؤلاء الأعضاء المنتخبين هو أن يكون لهم دورٌ إداري مع المُحافظ ، ليشكّلوا النّواة الأساسية للإدارة اللامركزية .(٤٩)

أن هذا الأمر لا يمكن إناطته بالنّواب ، لأن النائب ، دستوريًا ، لا يمثل دائرته أو قضاءه أو محافظته وحسب ، بل ، في حال نجاحه ، يصبح ، بقوة القانون ، ممثّلاً للشعب اللبناني بكامله .(٥٠) أمّا الشيخ ، بحسب خبرات دول عدة ، فيُنتخب ليُمثّل المحافظة التي تنتخبه . هذا

---

(٤٩) يتّضح من هذا أن الجمهوريّة الخامسة تؤيّد اللامركزيّة الإداريّة .

(٥٠) م . د . ١/١/ ص ٢٢٨ .

وسترد صلاحيّات هذا المجلس موضّحةً في آخر هذا الفصل .

أمّا المجلس الثالث الذي ترغب فيه الجمهورية الخامسة كي تكتمل تركيبة النظام البرلماني المطلق ويُؤمّن توازنٌ يصعب الإخلال به ، فهو المجلس الاقتصادي - الاجتماعي الذي تُناط به مهمّة توجيه الاقتصاد والشؤون الاجتماعية الحياتية والتربية وغيرها .

٣- المجلس الاقتصادي - الاجتماعي

يُنشأ المجلس الاقتصادي - الاجتماعي تأمينًا لمشاركة ممثّلي مختلف القطاعات المنتجة في صياغة السياسة الاقتصادية والاجتماعية للدولة ، وذلك عن طريق تقديم المشورة والاقتراحات .

أن هذا النوع من المجالس قد أثبت نجاحه على صعيدي التوجيه والتعاون مع غيره من المجالس في الدُوَل التي اعتمدته ، كما أثبت فائدته الكبرى على صعيد اختصاصه الذي انعكس إيجابًا على البلاد .(٥١) يُحدّد عدد أعضاء هذا المجلس على أساس عدد النقابات العمّالية ، الزراعية والصناعية والتجارية والتربوية وغيرها ، المعترف بها من الدولة . ويتمُّ انتخاب الأعضاء من النقابيّين الموجودين في الأراضي اللبنانية كافةً . نترك للاختصاصيّين مهمّة تنظيم كل ما يختصّ بهذا المجلس وقوننتهُ وفق أحدث المعطيات الدستورية العالمية ، وبالاستعانة بمن يرونه مناسبًا من الأجانب الذين عايشوا خبرته . لكنّ ما نتمسك بتحديده ، ونصرّ على إعطاء العلم به ، هو ما نريده لهذا المجلس من صلاحيّات دستورية .

---

(٥١) م . د . ١/١/ ص ٣٦٣ و٣٦٤ .

II - الصلاحيّات الدستورية لمجالس السلطة التشريعية

١- مجلس النواب

هو السلطة التشريعية في مفهومها الدستوري المتّفق عليه علميًّا ، مع الإصرار على التشديد على البرلمانية المطلقة ، بحيث لا يصدر قانون في الجمهورية الخامسة ، ولا مرسوم ، ولا اتفاقية دولية إلاّ من قِبل هذا المجلس ، أو من قِبل الهيئة التي يعطيها هذا المجلس الصلاحية بصورة استثنائية وفي أمور استثنائية موقّتة .((٦))

٢- مجلس الشيوخ:

- دوره استشاري توجيهي .
- يشارك بانتخاب رئيس الجمهورية
- يُعطى امتياز اقتراح القوانين .

- يُعطى مع المجلس الاقتصادي-الاجتماعي ، متّحدَين ، امتياز حق نقض (*veto*) قرار مجلس النواب بحجب الثقة عن الحكومة ، وذلك عند انعقادهما في جلسة برئاسة رئيس مجلس الشيوخ ، وتصويتهما بأكثرية تُحدّد خلال الدراسات حول الدستور .

وإذا أصرّ مجلس النواب على قراره يُلجأ إلى الاستفتاء الشعبي لحلّ المعضلة . فإذا أيّد الاستفتاء قرار مجلس النواب ، سقطت الحكومة ، وإلا تبقى مع كل ما يتوجب على بقائها من تبعات .

هذه من أهمّ صلاحيّات مجلس الشيوخ التي لا تراجُع عنها بالنسبة إلى

نظام الجمهورية الخامسة ، وقد يجوز بالتوافق إضافة بعض الصلاحيّات الأخرى .

٣ - المجلس الاقتصادي - الاجتماعي:

- دوره استشاري توجيهي على صعيد اختصاصه .
- يُعطى امتياز اقتراح القوانين على مجلس النواب .
- يشارك بانتخاب رئيس الجمهورية
- ويكون له ، متّحدًا مع مجلس الشيوخ ، حقّ النقض لصالح الحكومة إذا حجب المجلس النيابي عنها الثقة .

٤ - مجلس الشعب: يتكوّن من المجالس الثلاثة مجتمعةً

تؤلّف المجالس الثلاثة مجتمعةً ، برئاسة رئيس مجلس النواب لتكون مجلس الشعب . أمّا صلاحيّاته التي لا بدّ منها للجمهورية الخامسة فهي:

- انتخاب رئيس الجمهورية وإقالته .
- إقرار تعديل الدستور بالأكثرية المطلقة .

نلاحظ ممّا تقدّم ذكره أن التوازن بين السلطات لم يعُد فقط بين سلطة تنفيذية وسلطة تشريعية ، أنما بين عددٍ من المجالس ، فضلاً عن سلطة القضاء المستقلّ والمجلس الدستوري ضمنًا . إضافةً إلى هذا التوازن المتعدّد الأطراف ، أصبح للسلطة التشريعية رادعها الدستوري الذي يوفّر في كثير من الأوقات على السلطة التنفيذية عناء المواجهة .

أمّا «سلاح» السلطة التنفيذية في وجه السلطة التشريعية فلن يكون صلاحية حلّ مجلس النواب ، بل استعمال الوسائل المشروعة من ضغط إعلامي واستفتاء متنوّع للفصل بينها وبين السلطة التشريعية ، وطلب دعم مجلس الشيوخ والمجلس الاقتصادي - الاجتماعي .

III - السلطة التنفيذية: مجلس الوزراء والمدراء العامين

هي الحكومة في حدّ ذاتها مستقلة عن رئيس الجمهورية الذي لا دور له فيها سوى تعيين رئيسها . أمّا باقي صلاحيّات رئيس الجمهورية التي تريدها الجمهورية الخامسة فهي فقط تعيين قائد الجيش ونائب الرئيس (إذا كان هذا مُتّفقًا عليه) وقبول أوراق اعتماد السفراء والقناصل وتمثيل الوطن بروتوكوليًا في الاحتفالات الدولية .

هذا لا يمنع وجود علاقات معنوية استشارية - توجيهية بين رئيس الجمهورية والحكومة؛ ولا يمنع ، كما ألمحنا ، أن يُعطي مجلس النواب صلاحيّات استثنائية لرئيس الجمهورية .

أمّا الحكومة (أو مجلس الوزراء) فيؤلِّفها الرئيس المُكلّف ويعرضها على مجلس النواب لنيل الثقة . ويؤدّي رئيس الوزراء الدَور المتّفق عليه في دساتير الأنظمة البرلمانية . على أن خطوط الجمهورية الخامسة في لبنان لا تسمح بتخطّي بعض الحدود:

- لا يحقّ لرئيس الوزراء إقرار أي قانون ونشره ، كما لا يحقّ له إبرام أي اتفاقية دولية ، إلا ضمن الصلاحيّات التي يكون قد أعطاه إيّاها مجلس النواب ، وما عدا ذلك فهو رئيس السلطة التنفيذية وخاضع للقانون ، ينشُر ويُنفّذ كل ما يُقرّه مجلس النواب من قوانين ومعاهدات وغيرها بحسب الأصول الدستورية .

نؤكّد أنه يبقى لمجلس الوزراء حقّ اقتراح القوانين والتعاون مع مجلس النواب والمجلسين الآخرين على أكمل وجه ، لتوضيح الاقتراحات وتبيان ضرورتها ، والمطالبة بإصرار ، عند الاقتضاء ، بإقرارها وبإمكانية العودة للاستفتاء الشعبي عند تعثّر الأمور .((٧))

IV – السلطة القضائية:

فيما يخصّها ، لا جديد نزيده على ما هو في الدستور الحالي ، ولكننا نصرّ على الاستقلالية الفعلية التامة ، جسما قضائيا وروحا ، كما على فاعلية المحكمة العليا المناط بها محاكمة الرؤساء والوزراء ومرتكبي الفساد كافة أكانوا مستغلين للسلطة أم للوظيفة العامة . ونصرّ أيضا على تفعيل مجلس مراقبة دستورية القوانين ، والجهاز القضائي للتفتيش والمراقبة تكون له صلاحيّات مطلقة خدمة للعدالة ، للصالح العام وللمال العام .((٨))

الفصل الرابع

المشاركة في الحكم

في الجمهورية الخامسة كل الرّئاسات هي خدمة متساوية ، والطوائف الستّ الأساسية متساوية في الحقوق ، تتشارك الحكم من دون تحديد أي كرسي لأي طائفة ، شرط ألاّ يحتلّ مسؤوليّتين شخصان من طائفة واحدة في الوقت نفسه .

أن مشاركة الطوائف الستّ الحكم على قدم المساواة ليست في الجمهورية الخامسة فرضًا طائفيًا ، بل هي واجب وطني . فمن واجب كل طائفة أن تُساهم في الحُكم كما يساهم الأبناء في معيشة البيت الوالدي وسنده . فالابن الذي لا يُساهم في دعم بيت أبيه ومعيشته هو عاقّ .

لا شكّ أن الماروني اللبناني الذي قرأ لغاية الآن هذا التصوُّر للجمهورية الخامسة قد امتعض قائلا: قد جرّدتم رئاسة الجمهورية من صلاحيّاتها ، وجعلتم من رئيس الجمهورية موظّفًا عاديًّا . أنا أرفض تصوُّركم لأن رئاسة الجمهورية لا تُمسّ . والشّيء نفسه يقوله السني اللبناني دفاعًا عن رئاسة الحكومة ، وكذلك الشيعي اللبناني إذا ما أراد

أن يدافع عن رئاسة مجلس النواب ... ولكن لهم جميعًا نقول: لا فائدة من الدّفاع عمّا لن يكون فيما بعد ملكًا لطائفة معينة ، فأيّام مُلكية الرّئاسات قد ولّت ...

> ففي الجمهورية الخامسة كل الرّئاسات خدمة متساوية ، والطوائف الستّ متساوية في الحقوق ، تتشارك الحكم من دون تحديد أي كرسي لأي طائفة . فرئاسة الجمهورية هي لأي لبناني من هذه الطوائف الستّ ، وهكذا رئاسة مجلس النواب ، ورئاسة مجلس الوزراء ، ورئاسة مجلس الشيوخ ، ورئاسة المجلس الاقتصادي - الاجتماعي ، وقيادة الجيش ، بشرط وحيد هو ألاّ يحتلّ مسؤوليّتين شخصان من طائفة واحدة في الوقت نفسه .

أن هذه النظرية التي تدحض الطائفية السياسية ، وتؤمّن في الوقت نفسه المشاركة الأدبية والاجتماعية للطوائف الستّ في الحكم ، هي نقطة الارتكاز الثانية للجمهورية الخامسة بعد نظرية النظام الديمقراطي البرلماني المطلق . فكيف يتمّ توزيع الأدوار في هذه المشاركة ؟

١- بعد أن تتِمّ الانتخابات النيابية في الوطن والمهجر ، وتؤمّن ما لا يقلّ عن مئة وسبعين نائبًا (بحسب تقديراتنا) ، ويُنتخب في الوطن أعضاء مجلس الشيوخ والمجلس الاقتصادي - الاجتماعي ، يلتئم مجلس النواب وينتخب هيئة إدارته ، رئيسًا وأعضاء . لنفترض أن رئيس مجلس النواب كان من طائفة (ص) .

تنشر إدارة مجلس النواب تعيين أعضاء مجلس الشيوخ الذين يكون قد تمّ الاتفاق عليهم ، والذين ينصّ الدستور على حقّهم في هذه العضوية .

٢- يلتئم المجلس الاقتصادي - الاجتماعي على أثر انتخاب رئيس مجلس

النواب ، وينتخب هيئة إدارته . على رئيس هذا المجلس أن يكون من الطوائف الخمس الباقية . نفترض أنه كان من الطائفة (ج) .

٣- بعد أن تكون هيئة إدارة مجلس النواب قد نشرت مرسوم تعيين أعضاء مجلس الشيوخ طبقًا للدستور ، يلتئم هذا المجلس وينتخب هيئة إدارته . إذا ما حذفنا إمكانية ترشيح أشخاص من الطائفتين (ص) و(ج) تبقى إمكانية انتخاب رئيس مجلس من الطوائف الأربع الباقية .

٤- ما إن يتمّ انتخاب رئاسة مجلس الشيوخ حتى يدعو رئيس مجلس النواب المجالس الثلاثة إلى جلسة يرأسها هو لانتخاب رئيس الجمهورية . يترشّح لهذا المنصب أشخاص ينتمون إلى الطوائف الثلاث الباقية .

٥- بعد الاستشارات ، يعيّن رئيس الجمهورية رئيسًا للوزراء من الطائفتين الباقيتين ، ثم قائدًا للجيش من الطائفة السادسة .

٦- إذا ما اتُّفق على ضرورة وجود نائب رئيس جمهورية ، يكون من طائفة الرئيس نفسها .

هكذا يكون قد تمّ في شكل ديمقراطي واسعٍ توزيع المسؤوليّات ومشاركة الحكم؛ وكما سبق وقلنا ، في الجمهورية الخامسة كل المسؤوليات هي خدمة تأتي في درجة ثانية بعد المسؤولية الأولى التي لا يتحلّى بها سوى مجلس النواب والمجالس التي تشاركه .

ملاحظات توضيحية:

- أن رئيس الوزراء حرّ في تأليف وزارته ، ولا قيد له إلا ما هو

واجب لتأمين أكثرية لنيل الثقة .

- أن قيادة الجيش جماعية *(collegial)* وليست فردية؛ فعلى قائد الجيش المعيّن أن يؤلّف مجلسًا عسكريًّا يضمّ أعضاء عسكريين يمثّلون أقلّه الطوائف الخمس الأخرى ، وبحسب الصلاحيّات التي تعطيه إيّاها القوانين المدنية والعسكرية ، يعمل مع هؤلاء الأعضاء على قيادة الجيش وإدارته لما فيه خير الوطن وحماية أمنه القومي .
- إن المشاركة الواضحة والدستورية بين الطوائف لن تكون في الجمهورية الخامسة إلا على هذين الصعيدين: الرّئاسات الخمس وقيادة الجيش ، أما في كل ما تبقّى فلا تمييز إلا على أساس الكفاءة .
- لا ندّعي لهذا النظام الكمال ، أنما هو بنظرنا الحلّ الأفضل لهذه المرحلة والواعد جدًا لمستقبل الأجيال . (٥٢)

---

(٥٢) لا يزال الرأي يراوح مكانه منذ ثماني عشرة سنة .

الفصل الخامس

في الترتيب الزمني

الأحزاب والقوى العاملة ، على صعيد المجلس الاقتصادي - الاجتماعي ، تؤمِّن استمراريةً تطويريةً بنّاءةً في البلاد .

إن الترتيب الزمني ، في جميع أمور التاريخ ، هو ما يصنع التاريخ ويؤمّن استمراريّته . فأي عطل في التوقيت يسبّب إما المُماطلة غير المُجدية ، فالعطل ، فتوقُف التاريخ ، وإمّا التسرُّع ، فالاختناق وتوقُف تاريخ بشرية أو شعب أو إنسان أو حيوان أو نبات . هذه هي سُنّة الحياة .

لذلك ، ومن أجل أن نساهم مع الاختصاصيّين في تنظيم الترتيب الزمنيّ الذي نراه ضروريًّا لتحقيق أهداف الجمهورية الخامسة ، نعرض عليهم تصوُّرنا:

يبدو أن مبدأ توزيع الكراسي الستّ على الطوائف الستّ الأساسية قد يفترض أن تنتهي مدّة هذه المسؤوليّات في آن واحد ، حتى تتيسّر إعادة التركيبة في حرية . إن هذا الافتراض ، إذا ما صحّ ، يعني انقطاعًا *(coupure)* أو نوعًا من انقلاب عام كل مدّة من السّنوات بحسب ما يحدّدها الدستور . ففي نهاية كل خمس سنوات ، مثلاً ، يكون هناك

تغيير كامل يغيّر وجه البلاد . أن الشعب ، بحسب أبسط مبادئ علم الاجتماع ، هو بحاجة إلى استقرار واستمرارية تطوّرية ، وليس إلى شبه ثورات أو انقلابات تُعيد كل مرة الدولة إلى الحضيض ، وكأن كل شيء يبدأ من جديد .

فمن أجل تأمين الاستقرار والاستمرارية المتطوّرة ، نميّز في المسؤوليات الستّ الأساسية بين ما هو ثابتٌ أكثر من غيره وما هو متحرّك . نرى ، مثلاً ، أن رئاسة الوزراء ، في أثناء فترة الانتخابات النيابية ، حيث لا تكون عُرضةً لحجب الثقة ، وبما أنها تأتي بالتعيين ، هي أثبت من غيرها . كما نرى أيضًا أن مركز قيادة الجيش ، بما أنه يكون بالتعيين ، هو أيضًا أثبت من غيره . وثبات هذين المركزين النسبي يسمح لهما بأن ينتظرا المتغيّرات التي تأتي بواسطة الانتخاب كيما يصار في ما بعد إلى تغييرهما .

إذا ما اتّفقنا على التوضيح الذي ورد سابقًا يمكننا أن نعرض توقيتًا أوّليًّا لمدّة كل مركز:

مجلس النواب: تدوم مدّة ولايته ستّ سنوات ، على أن يُجدّد انتخابُ نصف أعضائه مع انتخاب رئيس جديد له كل ثلاث سنوات .[٥٣]

مجلس الشيوخ: كل ثلاث سنوات أيضًا يُصار إلى انتخاب الأعضاء

---

(٥٣) وعلى السؤال الوجيه: أي نصف هو الذي يتغيّر ؟ نجيب بأنه في حال اعتماد هذا النوع من المجلس النيابي تتمّ الانتخابات الاولى على أساس النسبيّة ويحدّد عدد الأصوات التي يجب أن يحصل عليها النائب الواحد بضعفي العدد في الحالة العادية (عشرون ألفا بدلا عن عشرة آلاف ، مثلا) . في هذه الحال يُنتخب نصف العدد المفترض للمجلس . بعد ثلاث سنوات ينتخب النصف الآخر بالنسبيّة نفسها ، فيكون النصف الآخر ، وبعدئذ تجري الأمور في صورة اعتيادية بحيث تدوم مدة ولاية النائب بقدر دوام نجاحه بالانتخابات .

الجدد ورئيس جديد له ، ويمكن تغيير الأعضاء المعيّنين أو إضافة من يسمح له القانون بذلك .(٥٤)

المجلس الاقتصادي - الاجتماعي: كل ثلاث سنوات أيضا ، يُصار إلى انتخابات جديدة لأعضائه مع انتخاب رئيس له .

هذه هي المراكز المتحرّكة أكثر من غيرها ، وكل ثلاث سنوات تتبادل الطوائف المسؤوليات . بالطّبع يؤخذ فقط في عين الاعتبار مركز رئيس الجمهورية الذي تدوم ولايته ستّ سنوات ، إذًا:

رئاسة الجمهورية: تدوم ولايتها ستّ سنوات .

قلنا يُؤخذ فقط بعين الاعتبار مركز رئاسة الجمهورية إذ أن الحكومة ، أي حكومة كانت حتى ولو لم يكن لها من العُمر سوى شهر واحد ، تسقط حكمًا بعد كل تجديد للمجلس ويعمل رئيس الجمهورية ، استنادًا إلى نتائج انتخابات رئاسات المجالس الثلاثة ، وبعد الاستشارات الملزمة ، على تعيين رئيس مناسب للوزراء .

إذًا ، تتعرّض رئاسة الحكومة حكمًا للتجديد كل ثلاث سنوات ، على أثر انتخاب رئاسات المجالس الثلاثة . أمّا التجديد فلا يعني هنا حتمًا تبديل رئيس الوزراء ، إذ يجوز تعيين الرئيس نفسه الذي يقدِّم وزارته لنيل الثقة من جديد .

وإذا ما اقتضى الأمر والأمانة توزيع الأدوار المتّفق عليها سابقًا ، يعمل رئيس الجمهورية على تبديل قيادة الجيش وإلاّ فلا ، ولا ضير

---

(٥٤) من البديهي الأخذ في عين الاعتبار حدود العمر وحالات المرض النافية لإمكانية الأداء الصحيح في المجالس كافة والتي يتمّ الاتفاق عليها في التفاصيل .

في ذلك إذا ما اتّفقنا على أن قيادة الجيش في الجمهورية الخامسة قيادة جماعية .

ويمكن اختصار ما تقدّم بما يلي:

- ولاية رئيس الجمهورية ستّ سنوات .

- ولاية رئاسة مجالس النوّاب والشيوخ والمجلس الاقتصادي - الاجتماعي ثلاث سنوات .

- رئاسة الحكومة وقيادة الجيش تتغيّران بعد ثلاث سنوات إذا ما اقتضى مبدأ المشاركة في الحكم إجراء هذا التغيير .

أما في نهاية السنوات الستّ فتتغيّر بالتتابع الرّئاسات في المراكز الستّة ، كما في فترة التأسيس .

نلاحظ في الختام أن الاستمرارية المنشودة في بداية هذا الفصل مؤمّنة نفسيا وعمليا على عدّة أصعدة:

١- نصفية تجديد انتخاب مجلس النواب : يؤمِّن النصف الآخر الاستمرارية البرلمانية .

٢- أعضاء مجلس الشيوخ المعيّنون يؤمِّنون الاستمرارية .

٣- الأحزاب والقوى العاملة ، على صعيد المجلس الاقتصادي - الاجتماعي ، تؤمِّن الاستمرارية .

٤- مدّة رئاسة الجمهورية تؤمِّن استمرارًا لمدّة ستّ سنوات .

٥- رئيس الوزراء وقائد الجيش يؤمّنان استمرارية نسبية تشكّل صمّام أمان .

الفصل السادس

في النظام الانتخابي ودور الأحزاب

> أوّل ما نتصوّره هو اعتماد التمثيل النسبي كنظام انتخابي مع اللبنانيين كافة ، مقيمين ومنتشرين ، دائرة واحدة ، واجتهاد كل ما يلزم لتأمين أوسع حرية ممكنة للناخب ((٩))

ورد ، لأول مرّة في خاتمة الفصل السابق ، ذكر الأحزاب والقوى العاملة كقاعدة للاستقرار والاستمرارية في الدولة . وبالفعل ، نرى أنه من الضّروري ، من أجل توحيد القرار وضمان العدل والاستقرار في الوطن ، أن يتأمّن ، إضافةً إلى مشاركة الحكم على صعيد القِمّة والبرلمانية التي نتوخّى ، انصهار الشّعب في القاعدة وتوحُّد طموحاته وأهدافه ، لا على صعيد الطائفة وحسب ، بل على أساس ما آل ويؤول إليه تآلفه حول حقوقه ومصالحه الأساسية في العمل والوظيفة والحرفة لتأمين الضّمانات والحقوق الإنسانية المشروعة له ، أفرادًا وعائلاتٍ وجماعات .

لذا نلفت إلى أنه من جوهر تصوّر الجمهورية الخامسة تنشيط العمل في القاعدة على جميع الأصعدة ، حتى يأتي البناء موطّد الأركان ، لا تاجًا ذهبيًا على قاعدة مُسوّسةٍ ، ولا رأسًا مريضًا على جسدٍ صحيح ...

أن تصوّرًا لِقِمّة كما وردت ، أي برلمانية مطلقة[٥٥] مع تعدّدية المجالس ، ومبدأ المشاركة الواجبة والعادلة يضطرّان القاعدة [السياسية] إلى تحرّكٍ نحو الشمولية والإجماع ورفض الأصولية والطائفية . تتوسّل القاعدة الأحزاب والنّقابات وغيرها من المؤسّسات والتّنظيمات ، **التي يعتبرها الفقه الدستوري مثابة مدارس سياسية واجتماعية للشعب** ، للتآلف والتسابق في وضع النُّظم والبرامج الاقتصادية والاجتماعية للوطن ، فتؤمِّن بوساطتها وصول أكثرية منها إلى البرلمان فالحكم . [هذه الجدلية بين القمّة والقاعدة تؤمِّن للسلطة تأييدًا واسعًا من الشعب ، كما تُؤمّن من خلالها استمرارية التطوّر الحيوي للجمهورية والاستقرار الاقتصادي والاجتماعي .

من مبدأ تحرير الرئاسات وتوزيعها وفق ما ورد في الفصول الأُول يستشفّ كل حزبٍ وتنظيم أن عهد الأصولية الطائفية قد ولّى وأنه مضطرٌّ حتمًا ، إذا ما رغب في أن يؤدّي دورًا مهمًا على صعيدي القاعدة والقِّمة ، أن يتبع سياسة الانفتاح والتعاون ، وجمع كل فئات اللبنانيين في صفوفه .

أ- إن الحزب الطائفي ، مهما عظم شأنه ، لا يمكنه أن يصل إلى البرلمان إلاّ بأقلِّية ، وإذا ما بالغنا في التصوّر وقلنا أنه جمع أكثرية برلمانية فلا يُمكنه إيصال إلا مُمثّلٍ واحد لا أكثر إلى إحدى الرّئاسات . ولنفترض أنه أوصل أحد ممثّليه إلى إحدى السُّدد الرئاسية ، فالسؤال يبقى: لأي هدف ؟ فالسُّدد الرئاسية لا صلاحية فردية لها ، وما هي إلاّ مراكز خدمة تلتزم المشاركة والتفاهم والتعاون مع

---

(٥٥) بالإنجليزية : «absolute parliamentarity» المستمدّة من الديمقراطية المطلقة «absolute democracy» والتي يُقال فيها إنها غير متسامحة «intolerant» مع الليبرالية «toward liberalism» راجع (م . د . ١/ ١/ ص -١٩ ٢٠) .

السُّدد الأخرى ، وخصوصًا مع البرلمان .

ب- أما الحزب المعتدل ، صاحب المبادئ المنفتحة على مصالح الشعب ونموّ دور الوطن العالمي ، فيجمع بين مؤيّديه كل الطوائف والفئات ، ويكون له التأثير في القواعد العُمّالية والنقابية ، فيؤمّن له نجاحًا واسعًا ، ليس فقط على صعيد مجلس النواب ، بل أيضًا على صعيد المجلس الاقتصادي - الاجتماعي ، وعلى صعيد مجلس الشيوخ؛ فتبرز فيه شخصيات من جميع الطوائف ، شخصيات تُعرف باعتدالها وبحبّها للإنسان في المطلق ، وللوطن من أجل الإنسان ، فيتمكّن هذا الحزب ، على حِدة أو بالتآلف مع غير أحزاب ، من إيصال عدّة شخصيّات من ممثّليه إلى الرئاسات الأولى ، فيجمع الحزب في شخصيّاته المتعدِّدة الطوائف ، والموحّدة الأهداف ، والجامعة للقاعدة ، رئيس مجلس النّواب ورئيس المجلس الاقتصاديّ - الاجتماعيّ ، وله الحظّ الأكبر أن يكون رئيس الجمهورية أيضًا من أعضائه ، ويعيّن هذا الأخير رئيسًا للحكومة من رفاق حزبه أيضًا .

إذا ما حدث هذا ، يتحوّل الحكم في الوطن ، بحسب تحديد علم الدستور ، من برلماني إلى شبه حزبي ، (٥٦) يكون الحزب الحاكم فيه بوساطة الأكثرية البرلمانية مسؤولاً أمام الشّعب عن نجاح برنامجه وتخطيطه للوطن وغيره . فإذا ما فشل الحزب في تنفيذ وعوده وبرامجه ، خسر ثقة الشّعب ومؤيّديه ، وبالتالي يخسر إمكانية تأمين أكثرية برلمانية في ختام السنوات الثلاث ، وهكذا دواليك . أمّا أهمّ حسنات النظام شبه الحزبي فهي أن الحكومات فيه تتحلّى بثبات أكثر نظرًا إلى الأكثرية البرلمانية التي تؤيّدها .

---

(٥٦) م . د . ١/١/ ص ٣٩٣ - ٣٩٩ .

أن نظام الجمهورية الخامسة يحافظ على نظام تعددية الأحزاب ، لأن فيه المزيد من الديمقراطية والحرية ، وهو يتماشى أكثر مع تكوين القاعدة الشعبية ، ويسمح بحرية الالتزام والانصهار بملء الخيار الشخصي ، فتبيت سياسة الفرض والأمر الواقع محدودة جدًا . على أن تعدّدية الأحزاب هذه ، مهما تبلغْ إمكانياتها ، لا نعتقد أنها ستكون واسعة مثلما هي اليوم ، لأن وجوب التآلف وقطع الرجاء أمام كل أصولية للوصول إلى أهداف عالية سيُمليان على الأحزاب أن تنصهر وتشكّل أحزابًا أوسع وأشمل لا يتعدّى عددُها الأربعة أو الخمسة على ما نُقدِّر ، هذا إذا ما أراد الحزب فعليًّا أن يصل إلى نتيجة مُعيّنة .(٥٧)

إن ما قيل في الأحزاب يصلح أيضًا ، ولو نسبيًّا ، في التنظيمات والنقابات والنوادي وغيرها .

نأمل من تنشيط العملين الحزبي والنقابي وتوجيههما وفق ما ورد ، أن يُهيأ الشعب وتُعدّ النفوس لمستقبل - قد - تزول فيه الطائفية كليا ، ويبقى الدِّين صافيًا منزّهًا عن كل ما يُعيق اطّراده الروحي في مهد الأديان الذي هو شرقنا ، وخصوصًا في من جمع شمل الأديان بالتوازن والتعاون والكرامة ، لبنان .

ولا بد من متسائل الآن ، خصوصًا أن موضوع التوازن الطائفي في المجلس النيابي موضوعٌ شائك بالذات في حد ذاته ومتأصّل في النفوس ، يسأل عن كيفية توزيع الكراسي النيابية بين الطوائف: **أمُسادسة ؟** أي

---

(٥٧) بموجب جدلية اجتماعية معيّنة ، تترجّح بين الديالكتيّة الأيديوليجية وتلك المادية ، يحتاج توازن النموّ والتطوّر في بلد ما إلى أحزاب تحمي الرأسمال وحركته العالمية القابضة ، كما يحتاج إلى أحزاب أخرى تدافع عن الإنسان المنتج ، وذاك المُستهلِك الذي غدا مُستهلكا ومقبوضا عليه دائما . ينتج من التفاعل الديمقراطي لتلك الأحزاب مجالس ووزارات تناغم بينها لما فيه خير الصالح العام ورفاهية المواطن وكرامته الإنسانية ، إلى أي فئة انتمى .

لكل طائفة وبالتساوي سدس المقاعد ، أم مناصفةً ؟ أي للمسلمين النصف وللمسيحيين النصف (كما ورد في الطائف) ، مع التزام تحديد الأعداد على غرار الماضي بالنسبة إلى الأقضية ، أم أسلوبًا جديدًا تأتي به الجمهورية الخامسة ؟((١٠))

إن المبدأين الأوّلين مرفوضان جملةً وتفصيلاً؛ لأنهما يتناقضان مع ما سبق ، والقارئ العزيز يلاحظ هذا بدون أدنى شك .

إننا إذا ما رغبنا في حصر التمثيل الطائفي في القِمّة فقط ، ليكون رمزيًّا هدفُه إلزام الجميع المشاركة في الحكم طوال مدة لا نشاؤها طويلة ، وإذا رغبنا أيضًا في صهر القاعدة وتوحيد أهدافها وطموحاتها ، فكيف نأتي بمطلب يدحض كل ما سبق واقترحنا ؟

ج- إن مبدأ المعاملة بالمثل هو في رأس هذا الدستور ، كما مبدأ احترام الإنسان كإنسان له حقوقه وواجباته؛ لذا نقترح نظامًا انتخابيا يُترك للقاعدة فيه تحديد عدد ممثّليها في البرلمان ونوعية تمثيلهم إياها ، أكان طائفيا أم حزبيا . إن هذا المبدأ قد تحقق في كثير من الأحيان خلال تاريخ لبنان ، لا سيّما بعد الطائف وبعد اعتماد المحافظة كدائرة انتخابية ، فحدث مرارًا أن مثّل أبناء طائفة معيّنة نائبٌ من طائفة أخرى بحكم أنهم انتخبوه ، لا لأنهم يثقون به كابن طائفتهم ، بل عن قاعدةٍ حزبية أو عرفانًا بالجميل على خدماته العامّة الإنسانية ...

نقطة انطلاقنا هي أنه ما من أحد ، يا للأسف ، يعرف علميًّا ، أي بواسطة إحصاء رسمي ، عدد اللبنانيين المقيمين والمهاجرين . إن ما لا بد منه في نظرنا هو أن يُكوِّن هذان الجناحان الشعب اللبناني الواحد ، ويستمرّان في تكوينه ، حتى ولو فرّقتهما المسافات . كل الدول التي تحترم نفسها تعمل جاهدة على حفظ الروابط القانونية بين منتشريها

ومقيميها ، وعلى إشراك المنتشرين في الانتخابات الرئاسية أو النيابية بوساطة السفارات أو وسائل أخرى . وإن عدم وجود إحصاءات رسمية لدينا يُعطّل على أيّ فرد الادعاء بأن عدد المسيحيين أو المسلمين هو أكثر بكثير من الفئة الأخرى . وكل مزايدة على هذا الصعيد تبقى ضربًا سياسيًّا تضليليًّا . لنترك القاعدة تكشف عن تركيبتها وتبيّن لنا عددها التقريبي ، وخصوصًا من جهة المنتشرين الذين كثيرًا ما يُتاجر بهم . إننا إذا ما أشركناهم في الانتخابات كناخبين ومنتخبين ، عبر نظام انتخابي مدروس ، يُمكننا تلمُّس روحهم الوطنية الحق وغيرتهم على مصلحة وطنهم من كثافة إقبالهم على طلب الهوية اللبنانية لأولادهم ولهم ، وتسجيل أسمائهم في لوائح الشطب ، وإقدامهم على التصويت بالطرق التي تكون قد حُدِّدت . لا نريد أن نُعقِّد الأمور سلفًا ونتحدّث عن أي من المنتشرين ينبغي أن نُشرك في عملية الانتخاب . لنضع الوسيلة ، ولنتركهم هم يكشفون لنا عن هويتهم واهتمامهم وغيرتهم .

كما في الانتشار كذلك في الوطن: كمْ عدد مؤيّدي النظام الطائفي ؟ وكم عدد مؤيدي النظام الحزبي في الانتخابات ؟ من يعلم ؟ إن ما نعلمه نحن هو أن الحرية الحقيقية ترفُض استغلال كل الطرق والوسائل المؤدّية إلى جعل الناخب يقترع ، بما يُسمّى حرية ، لأمر واحد لا بديل منه أو أن يختار حرًا ، ويا لها من حرية ، بين أمرين - قد يكونان شرّين- لا ثالث لهما . لا نعني أن نظام الانتخابات الذي سنعرضه سيكون مثاليًّا ، ولكننا نودّ أن نلفت النظر إلى عدم جواز أن يكرّس النظامُ الديمقراطي نفسه استغلال الشعب ، لأن ذلك يُعدُّ نقضًا مهينًا للديمقراطية .

ما نتصوّره هو أولاً اعتماد التمثيل النسبي(٥٨) في الانتخابات واجتهاد كل ما يلزم لتأمين أوسع حرّية ممكنة للناخب . أما ما لا تراجع عنه

---

(٥٨) م . د . ١/١/ ص ٢٨٤ - ٢٨٧ .

كأساس للجمهورية الخامسة فهو:

١- أقلّه اعتبار المحافظات دوائر انتخابية مع ضم منتشريها إليها ، أو الشعب بأسره دائرة انتخابية واحدة .((١١))

٢- أقله اعتماد مبدأ اللوائح المقفلة *(blocked lists)* ، على أن تضم كلها عددًا مماثلاً ، مع تحديد نسبة إلزامية للمرأة .

٣- اعتماد عدد محدّد من الأصوات لنجاح المرشّح الواحد ضمن اللائحة ، وما يناسب لنجاح أكثر من مرشّح ، واستعمال الوسائل المتبعة في القوانين العالمية لحل قضية الأعداد الباقية .[٥٩] ويُتّفق على الأعداد بشكل يسمح بتأمين مجلس نيابي يقارب المئة والخمسين نائبا وما فوق ، ثلاثون بالمئة منهم من عالم الانتشار .

٤- حقّ الاقتراع ابتداءً من عمر الثامنة عشر .

إن النظام الانتخابي الذي نتوخّاه ، بعد مراجعتنا معظم النُظم الانتخابية في الموسوعة الدستورية للدكتور أنور الخطيب ، سيسمح بأن يُحدّد الشعب عدد ممثليه في المجلس ونوعيّتهم ، وذلك بنسبة كثافة إقدامه على الاقتراع نتيجة حسنِ توعيته وتشجيعه من قبل الأحزاب والمنظمات وغيرها .

من حسنات هذا النظام ، بحسب بعض المراجع العلمية ، أنه يلجم ، هذا إن لم يُبطل ، دور الأصوليّات ، وذلك بفتح المجال واسعًا للعمل الحزبي المنفتح ، وبتوفير التضامن والتعاون بين فئات الشعب ، وإيصال المبادئ والبرامج ، وليس الأشخاص ، وأخيرًا بتحقيق الأهداف الجامعة في الوطن ، وليس الفردية الانعزالية .

---

(٥٩) أنطوان خير د . ، مقال في قانون الانتخاب النسبي ، جريدة النهار (الأحد ١٧ نيسان ٢٠٠٥ ، السنة ٧٢ – العدد ٢٢٢٧٨ .

الفصل السابع

في الاقتصـــاد

ويل لأمة تأكل مِمّا لا تزرع وتشرب مِمّا لا تعصر وتلبس مِمّا لا تنسج .

جبران خليل جبران

فليعذرنا كل قائل بأن الاقتصاد الحُر وسرية المصارف في لبنان لا يُمسّان ، أو هما مُقدسان ... إن المبادئ الأساسية للجمهورية الخامسة تنفي نفيًا قاطعًا كل المقدسات المادية ، وتحتفظ بقدسية واحدة على صعيد المخلوقات: حياة الإنسان وحقوقه .

إذا ما كان المال في الجمهورية الأولى أساس الوطن وغايته ، ففي الجمهورية الخامسة الإنسان وحده هو الأساس والغاية . لأجل حياة الإنسان وحريّته ، لا يمسّ النظام الاقتصادي وسرية المصارف فقط ، بل الدستور عينه والأنظمة والقوانين . أكثر من هذا ، ليست المادة والقوانين وحدها هي ما يخضع لحياة الإنسان وحريّته بل أيضًا رجال السياسة والحكم والقانون والاقتصاد والاجتماع والدِّين أيضًا . كلهم يخضعون لخدمة حياة الإنسان وحريته وحفظ كرامته؛ لذا ومن أجل تأمين عدالة أوسع وتكافؤ فرص أشمل لكل أبناء الوطن ، نقترح نظامًا اقتصاديا خاصا يناسب النبوغ والطموح اللبناني ، ويحدّ في الوقت نفسه من وسع التفاوت بين الأفراد والجماعات ، ميزة العالم الثالث الخاصة والأرض الخصبة للإقطاع والطبقية والعنف .

نريد لبنان الجمهورية الخامسة أحسن مِما كان عليه [في الستّينيات] . نريده بلدًا من بلدان العالم الأوّل وليس من بلدان العالم الثالث .

ما هي أهم خطوط النظام الاقتصادي المطلوب ؟

قبل أن نعرُض لأهم الخطوط للنظام الاقتصادي ، نود أن نلفت القارئ والرأي العام إلى لعبة سياسية تغيب دائمًا عنهما ، لأنها تُلعب في الخفاء ، وهي ما يسمى لعبة الفئات الضاغطة *Lobbyists* . جاء في مؤلف الدكتور أنور الخطيب:

> ليس من السهل أن نُحدّد بدقة أثر الفئات الضاغطة في مجرى السياسة لأن بعض هذه الفئات يمارس نشاطه في الخفاء ، وبعضها يعمل ويستخدم وسائل الإعلام القوية ... كانت الصحافة في أواخر الحرب العالمية الثانية ترتبط بالأحزاب السياسية والكتل النيابية ، ولم يكن للمصالح الاقتصادية علاقة ذات شأن بها . ولكن بعد خمس عشرة سنة ، أي في مطلع الستّينيات ، أصبحت جرائد باريس بمعظمها تحت سلطان رجال الاقتصاد الذين يُعتبَرون من أقوى فئات الضغط . فأخذت هذه الفئات تستخدم الصحافة للتأثير في الرأي العام ... إن دور الفئات الضاغطة في تمويل الانتخابات هو دور رئيسي أكيد ... قسم من الفئات الضاغطة يتألف من لجان سرية تضم عدداً صغيرًا من الشخصيات ، هي في الواقع صندوق تمويل أكثر منها لجان عمل .(٦٠)

إن الفئات الضاغطة المتفرّغة تحاول غالبًا أن تخفي أهداف نشاطها الحقيقي وراء أهداف شريفة مزعومة كالادعاء بخدمة المصلحة العامة . والتمويه *(camouflage)* هو الاسم الحقيقي لهذا التصرّف ... فإن من يقومون به يخفون وراء الأهداف القيّمة النبيلة أهدافًا غير محمودة . فالتُجار مثلاً

---

(٦٠) م .د . ١/ ١/ ص ٣٩٩ - ٤٠٩ .

يطالبون بالحرية التجارية وهم يخفون وراء هذا المطلب العام المقبول غايات أخرى تهدف إلى الحفاظ على مصالحهم المالية الشخصية . والصحافيون ينادون بحرية الرأي قولاً وكتابةً وصورةً ، وهو مطلب محمود؛ ولكن قد تنطوي نيّات بعضهم على الرغبة في فتح باب الابتزاز *(blackmail)* ، ونيّات آخرين في العمل المخابراتي .

واستنادًا إلى هذه الحقائق التي تكاد تكون خفية على القارئ ، ولم توفّر أبداً في لبنان منذ بدء استقلاله ، وكانت في ذلك الوقت وطنية شريفة وضد الاستعمار ، ولكنها أصبحت في ما بعد في يد السياسيين والإقطاع من أجل المصالح الشخصية ، والوصول إلى المراكز لأهداف خاصة طالما مُوِّهت بالمصلحة العامة ، وقد باتت خلال هذه الحرب الآنية اللعينة السلاح الأقوى والأفعل في يد أثرياء الحرب والتجار الخائفين على انهيار إمبراطورياتهم المصغّرة[٦١] (والكل يدّعي محبّة الوطن وخدمة المصلحة العامة) ، نتقدم بما يلي . إن الخطوط الاقتصادية الجديدة والمعتدلة التي نرغب فيها للجمهورية الخامسة هي:

أ- مجلس اقتصادي - اجتماعي:

يُعنى بدراسة البرامج الاقتصادية ، التجارية ، الصناعية ، الزراعية ، السياحية ، في ضوء خير المجتمع اللبناني كافة وفي جميع محافظاته ، كيما يُوزّع الدخل القومي توزيعًا عادلاً وتُحفظ الكرامات ويعمّ الازدهار على كل تراب لبنان . ولهذا لا بد من اللامركزية الاقتصادية .((١٢)) إن إنشاء هذا المجلس ، يعني أكثر ما يعني ، أن النظام الاقتصادي الذي نرغب فيه ليس متحجّرًا ، بل سيكون متحرّكًا ومتفاعلاً مع متطلّبات القاعدة المنوط بها انتخاب أعضاء هذا المجلس الذي تمتدّ ولايته ثلاث سنوات ، ويكون له

---

(٦١) ومنها الأحزاب بالذات ...

حق اقتراح القوانين ، ومساعدة المجلس النيابي أو لجانه في تحسين أوضاع القاعدة بشكل أفضل .

ب – اقتصادٌ حرّ وموَجّه في آن:

١ – حرّ في ما يتعلق بالتنافس والتسابق نحو الأفضل ، والطموح إلى الوصول إلى مستوًى معيشيٍّ محترم .((١٣))

٢ – موجّه في كل ما يختص بالدفاع عن الأمن القومي وبتأمين الصالح العام (الضرائب) ، وبمعيشة الآخرين المحترمة أي حماية المستهلك .((١٤))

إن معظم الأنظمة الاقتصادية في الدول الراقية ، التي نتشبه بها كمن يتشبه بـ المثال ، تتّبع نظام الضرائب التصاعدي من أجل أن تؤمّن الدولة المصلحة العامة وكرامة عيش الإنسان ، أطفلاً كان أم طالبًا أم شابًا أم بالغًا أم كهلاً ، وفي جميع حالاتهم النفسية والصحية . لماذا لا نتشبه بهذه الدول في هذا الأمر ؟

يطالب الجميع الدولة اليوم بالتعليم المجاني والتطبيب المجاني وحماية الأمومة والطفولة ورعاية المعوّقين وتأمين معاش معيّن للعاطلين عن العمل حتى تأمين العمل لهم إلخ . ، فمِن أين تأتي الدولة بالأموال لكل هذا ونحن نعلم العلم اليقين أن أضخم المؤسسات وأثرى الأثرياء هم الذين يرشون موظفي الضرائب ، ويأكلون مال الدولة ، مهما تكُن ضرائبهم متدنّية . إن حالة المزرعة التي تخبّط فيها لبنان لغاية اليوم يجب أن تنتهي .((١٥))

ج – الشفافية التامة على الصعُد كافة لمصلحة دائرة الضرائب:

نعم ، ولم لا ؟ إن حِكمي الشفافية والضرائب التصاعدية يعني ضرورة كشف حسابات المصارف لمصلحة دائرة الضرائب . إن سرية

المصارف ، كما ألمحنا سابقًا ، ليست مُنزلة ويجب أن تخضع لما فيه خير الإنسان والوطن . فهي لخدمة الإنسان والوطن ، وليس العكس . وإذا ما نظرنا إلى هذا الأمر المالي المصرفي نظرةً علمية نتخطّى الخوف الوهمي من الخطر الذي سيُلحقه بالاقتصاد ، استنادًا إلى التخوّف من أن نفقد رؤوس الأموال العربية والدولية المشروعة وغير المشروعة .

لا ندّعي الاختصاص في الموضوع ، على أننا نؤْمن بأن الحاجة هي أم الاختراع وبأن سرية المصارف ، هي ككل مبدأ علمي ، نسبية وقابلة للتجزيء . من هنا نطالب:

١- بحفظ سرّية المصارف للأموال الأجنبية [إذ إن الضرائب المستوجبة عليها حاصلة مُحصّلة] ، على أنه يحق للسلطات المختصة الكشف عنها إذا ما أوجب الأمن القومي ذلك .

٢- برفع سرّية المصارف عن الأموال الوطنية من أجل تأمين المراقبة على الاحتيال الضريبي ، وتأمين النظام الضريبي التصاعدي . يتبع هذا وضع القوانين المالية الضرورية لاكتمال هذا النظام على نحوٍ يحفظ طموح الإنسان وكرامته من دون أن يُسمح له بقتل طموح الآخرين وكرامتهم . إن نظام الضرائب التصاعدي لا يمنع أحدًا من الإثراء ، ولكنه لا يسمح لأحد بأن يصبح أثرى من الدولة .

وفي الختام يمكن القول إن معظم الدول الراقية تُحظّر الإثراء غير المشروع ، وكذلك الأديان السماوية الثلاثة ، فهي تنهي عن حب المال والادّخار غير المشروع لأن فيه قطع أرزاق الآخرين . والمال هو سبب كل بلاء كما قال الإمام علي بن أبي طالب؛ ولا يمكنكم أن تعبدوا ربّين ، الله والمال ، على ما أوصى به السيد المسيح .

الفصل الثامن

في العلاقات المميّزة مع الدول المجاورة

طالما جارك بخير أنت بخير .
الجار قبل الدار .
جارك القريب ولا خيّك البعيد .
(أمثال شعبية)

التمييز هو ما يُخالف المألوف؛ وموضوع هذا الفصل هو حق لبنان أو واجبه على تخصيص بعض الدول المجاورة بعلاقات لا يخص بها غيرها .

قلنا: الدول المجاورة ونعني سوريا والأردن وإسرائيل ، ولو أننا نشيرُ ضُمنًا إلى الشقيقة سوريا ، لأن العلاقة المميّزة معها هي المطروحة على الساحة الوطنية . لكننا لا نستبعد أبدًا ، في يوم من الأيام ، إذا ما اعترفت إسرائيل بالدولة الفلسطينية ، ووُجد الحل لمشكلة الشرق الأوسط ، واعترفت كل الدول العربية بإسرائيل ، أن تتحوّل أيضًا إسرائيل وفلسطين إلى دول مجاورة ، تدخل في موضوع هذا الفصل .

أن تمييز العلاقات بين شخصين ، أطبيعيّين كانا أم معنويّين ، يُعتبر عقدًا له مبادئ وأصول تتعلّق بجوازه وصحّته . فلننظر إلى الطبيعة وحكمتها . أننا نرى أنه لا يتعايش في الطبيعة ، في مساواة واحترام الحقوق أو تمييزها ، إلا المخلوقات التي تتناسب قواها وضراوتها بعضها مع بعضها ، أما بقية المخلوقات فتنقرض بعد أن تخدم لبعض الحين كفريسة لتلك القوية .

إن ما قيل هنا في هذه المخلوقات يمكن قوله في الإنسان في حالته الغريزية

الطبيعية ، خصوصًا في حال الحرب ، ونسبيًا في الإنسان الواعي المتحضّر الراقي ، إذ إن كل الرقي يبقى غشاءً يستر الإنسان الطبيعي .

أخذنا مثلاً طبيعيا ، ولنأخذ مثلاً آخر معنويا من عالم البطولات والأساطير . نلاحظ في سيرة عنترة بن شداد أنه كلما كان يريد أن يُظهر عظمة قدرته يمدح ويعظِّم شأن خصمه ، حتى يتمكن في النهاية من الافتخار بالانتصار عليه أو بمصالحته أو بمسامحته . ليس من الفخر الانتصار على الضعيف أو فرض تمييز العلاقات على من لا يستطيع أخذ المبادرة بملء إرادته . إن في هذا تصغيرًا واحتقارًا لمن يدّعي القوة . إذا ، من المبادئ والأصول لصحة عقد العلاقات المميزة وجوازها ، أن يكون الفاعلان متساويان في القوة والكرامة ، وأن يكونا قادرين على أخذ القرار بملء الحرية . نحن ، عمليا ، نواجه موضوعًا تجتمع فيه عوامل عدة: التاريخ ، والعواطف والمبادئ ، ما عدا الأمور الطارئة مثل تدخّل السياسة الدولية ، وتأثير العنصريّات المتحجّرة . أننا ، في خضمّ هذه التأثيرات كلها ، نتوقف ، كما يقتضي المنطق ، عند المبادئ التي يمكن تحديدها ووصفها كأساس ، مهما تخالف الواقع ، بينما التأثيرات الأخرى يصعب التعامل معها .

والمبدأ يقول ، كما نوّهت الأمثال التي أوردناها في مطلع هذا الفصل ، إن مراعاة حسن الجوار وعلاقات الأخوّة والمشاركة بين بلدين يتقاسمان المياه نفسها والهواء نفسه والموارد الغذائية نفسها واللغة نفسها والإيمان والمعتقدات نفسها ، إضافة إلى أخوّة الرحم (العائلات المشتركة) ، لا يعتبر انتقاصًا من السيادة والحرية أو إضاعة هوية ضمن هوية .[٦٢]

إن التحديد: لبنان دولة عربية الانتماء والهوية ، تربطه علاقات أخوية

---

(٦٢) خريش ، جوزيف . حروب الآلهة ، المركز الكاثوليكي للإعلام ، لبنان ١٩٨٤ – ١٩٨٥ ص ١٠٥ .

صادقة بجميع الدول العربية ، وتقوم بينه وبين سوريا علاقات مميّزة تستمد قوتها من الحدود الشاسعة بينهما كما من جذور القربى والتاريخ والمصالح الأخوية المشتركة ، هو مفهوم يرتكز عليه التنسيق والتعاون بين البلدين ، أي لبنان وسوريا ، وسوف تجسده اتفاقات بينهما ، في شتى المجالات ، بما يحقق مصلحة البلدين الشقيقين ، في إطار سيادة كل منهما وسيادته .

إذًا ، من أجل حفظ هذا المبدأ واحترام المبدأين الأوّلين المتعلقين بإقامة اتفاق جائز وصحيح بين مُتعادلَين ، طالبنا من أول طبعة لتصورنا هذا بتمثيل دبلوماسي متبادل مع الدول المجاورة غير المعادية ، وخصوصًا مع الشقيقة سوريا وقد حصل هذا عام ٢٠٠٨ . هذا التمثيل يهيّئ الأجواء المناسبة للبحث والاتفاق على عقد تمييز علاقات معيّنة .

استنادا إلى ذلك ، ولأن تثبيت قواعد الأمن يوفّر المناخ المطلوب لتنمية هذه الروابط المتميّزة ، فانه يقتضي عدم جعل لبنان مصدر تهديد لأمن سوريا أو جعل سوريا مصدر قلقٍ لأمن لبنان ، في أي حال من الأحوال .

إن التمثيل الدبلوماسي ، في نظرنا ، ضرورة لا غنًى عنها لتهيئة الأجواء ودراسة نوعية تمييز العلاقات وكيفيّتها مع الدول القريبة والبعيدة وفي شكل مستمر . فالعلاقات بين الدول أمر مرتبط مباشرة بأرضية الدول المتعاقدة وتطوّرها الاجتماعي والاقتصادي والسياسي . وهي تتبدّل مع تبدّل هذه العوامل . مثلاً: دول كثيرة لم تكن معترفة بإسرائيل بالأمس ، تعترف بها اليوم وتقيم تمثيلاً دبلوماسيا معها .

وكما أنه من السابق لأوانه تأكيد نوعية العلاقات ، ميزاتها وكيفيّتها ، بين دولة كسوريا ودولة ضعيفة ومقهورة على أمرها كلبنان اليوم ، كذلك قد يأتي يوم لا يسمح بتمييز علاقات بين لبنان ، كما يجب أن يكون في الجمهورية الخامسة ، وسوريا في نظام معيّن يتنافى ومعطيات تلك الجمهوريّة . الشّرط

يبقى على سوريا كما [يجب أن تكون في جمهوريتها الخامسة] ولبنان كما يجب أن يكون عليه [في الجمهورية الخامسة] لا كما هو اليوم .

المقصود ، هنا ، هو أن العلاقات وتمييزها شيء لا يُمكن تجميده في التاريخ ، أنما يبقى متحرّكًا مع التاريخ ، ويترجّح بين الكثير والقليل . فليس من العدل أن نرغم دولة مُنازِعة على إقامة علاقات مميّزة ، فهذا سبب كاف لفسخ الاتفاق في ما بعد واعتباره غير جائز وغير صحيح في أساسه . (لنراجع في ذهننا نتائج الحرب العالمية الأولى عبر معاهدات الصلح وما أدّت إليه في ما بعد) .

إن مبدأ المعاملة بالمِثل هو في رأس هذا التصوُّر الدستوري . ونضيف مثلاً آخر قيِّما بالنّسبة إلى موضوعنا: من ساواك بنفسه ما ظلمك ، ونأمل أن يجد تحليلنا هذا صدًى إيجابيًا واقعيًا لدى الجميع ، وأن يعمل القوي على مساواة الضعيف به لا أن يستغله ويحوّله إلى مقهور ، ما يعيد الأمور إلى النظريات الفلسفية الاجتماعية التي تنبّه من خطر الإنسان الذي لم يعد لديه ما يخاف على خسارته .

وتبعًا لذلك ، فإن لبنان لا يسمح بان يكون ممرًّا أو مستقرًّا لأي قوة أو دولة أو تنظيم يستهدف المساس بأمن سوريا؛ وإن سوريا الحريصة على أمن لبنان واستقلاله ووحدته ووفاق أبنائه لا تسمح بأي عمل يهدّد أمنه واستقلاله وسيادته .

وبهذه القواعد السلوكية السياسية تنشط المساهمة الفعلية والفُضلى من قبل كل الدول ، لا سيّما الشقيقة سوريا ، لفسح المجال للبنان كي يستعيد اعتباره ومكانته [نحو] الجمهورية الخامسة [إذ تنشط] اللجان الدبلوماسية لدرس ما شئنا ونشاء من العلاقات المميّزة وتحقيقها .

لا يغربنّ أبدًا عن أذهاننا أن العلاقات بين لبنان وسوريا والأردن

كانت ، لغاية بداية الحرب اللبنانية ١٩٧٥ ، أكثر من مميّزة .[٦٣] كانت تشابه ما سعت إليه أوروبا خلال عشرات السنين وما هي عليه الآن السوق الأوروبية المشتركة والوحدة الأوروبية المنشودة . وكم نأمل أن تعود تلك الحال ، ولكن على أسس علمية واضحة تصلح كضمانات لعدم تعثّر تلك العلاقات الأخوية الأكثر من مميّزة . ولربما خوفًا من ذلك التقارب والوحدة الاقتصادية الاجتماعية التي تساهم في توحيد القوى السياسية والعسكرية عند الحاجة ، كما حدث خلال حربي الـ٦٧ والـ٧٣ ، أراد من أراد أن يزج سوريا في رمال لبنان المتحرّكة[٦٤] ليسبّب تنافرًا وكراهية بينهما ، يصعب على التاريخ أن يمحوهُما فلا يعودان يلتقيان إلا متى شاء الله .

آخر أمل لنا هو أن يعي الواعون في سوريا ولبنان حقيقة إرادة التقسيم هذه ، تقسيم الأوطان في إطار وحدتها، وقضم عوامل الوحدة الموضوعية بين وطن وآخر ، حتى لا تقوم فيما بعد قائمة لشرق عربي ولا لشرق بترولي ولا لشرق إنساني .[٦٥]

---

(٦٣) إن التمييز الذي نقصده هنا لا علاقة له لا بالقوميّة ولا بالعرقيّة ولا بالدّين . من هذا المنطلق نقارن مع السوق الأوروبيّة المشتركة وأوروبا اليوم . أن موقفنا من القوميّة والعرقيّة وعودة المُثل البينيّة الغابرة واضح . والمقصود هنا هو البعد التجاريّ - السياحيّ وانتقال الأشخاص وعلاقة الصداقة ، يضاف إليها المصالح المشتركة والدفاع عن حقوق الإنسان والشعوب التي تميّزت بالدفاع عن حقوق الشعب الفلسطيني .

(٦٤) تماما كما حدث وما كان يُخطّط له أن يحدث من خلال السبت الأسود في الأردن واتّفاق القاهرة وما استتبعه من حرب الجيران على أرض لبنان ابتداء من سنة ١٩٧٥ .

(٦٥) وللأسف الشديد ، هذا من نحن فيه اليوم بعد أن عاد الحلفاء إلى الساحة ليعيدوا الأمور إلى نصابهم هم ، وليس إلى نصابها ...

خاتمة

والآن [وبعد أن أشرت في كتابي إلى ماهية التحوّل الجذري في بناء الجمهورية] ، أضع بين أيدي الشعب والمسؤولين هذا التصوُّر الذي وفقنا الله والاجتهاد إليه بعد ما يناهز الخمس عشرة سنة (يضاف إليها ثماني عشرة سنة) من التحليل والبحث والمراجعات والحوار وطلب المشورة ، [وأخيرا الاختبار] ، آمل له أن يساهم ولو جزئيا في خروج وطننا الحبيب لبنان ، من النفق المظلم الذي أدخل فيه وفي فتح أفق جديد لمستقبل باهر له ، داخليا وإقليميا ودوليا ، وأُعلن استعدادي للاستمرار في دعم هذا التصوُّر والعمل من أجل إيصاله إلى الغاية المنشودة .

آن الأوان لأن نعي حركة التاريخ اللولبية ونعيد قراءة تاريخ شعوبنا ودولنا على أساسها .

آن الأوان لأن ندخل في فن تحديث حضاراتنا بأن نعيد النظر في المفاهيم الغابرة ، وخصوصًا الدخيلة علينا ، وبأن ننظر في مسألة تحويل المثل البينية *(paradigms)* لما فيه تحرير الدِين من وصوليّاتنا الضيّقة وتحرير النفوس من نصوص حُفرت في الوجدان ، ما حوّل إنساننا اللبناني والشرقي إلى إنسانٍ خاضعٍ لها بدل أن تكون هي خاضعة له .

آن الأوان للدخول في جدلية خصبة تحدّد نوعية لولبية التاريخ حيث الآخر هو دومًا مساوٍ للأنا في الجوهر ، والآخر والأنا متساويان أمام الله ، بدايةِ ونهايةِ وكمال كل جدلية تاريخية .

آن الأوان لأن نخطو نحو وطن أكمل وشرق أوسط أسلم وأفضل ، وأن نضع أُسُسا أكثر متانة لذلك التآلف الأخوي المسالم و«العيش المشترك» الذي هو رسالة لبنان التاريخية ، دافعين به نحو التكاؤن الذي نريده تجربةً إنسانية ناجحة نقدمها إلى العالم . "ولْيَعِ كل لبناني أنه إنسان ، وأنه تعِسٌ الإنسان الذي ليس له في قلبه وطنٌ يفتخر به" (٦٦). وقد يكون أتعس منه الإنسان الذي ليس له جارٌ يفتخر به .

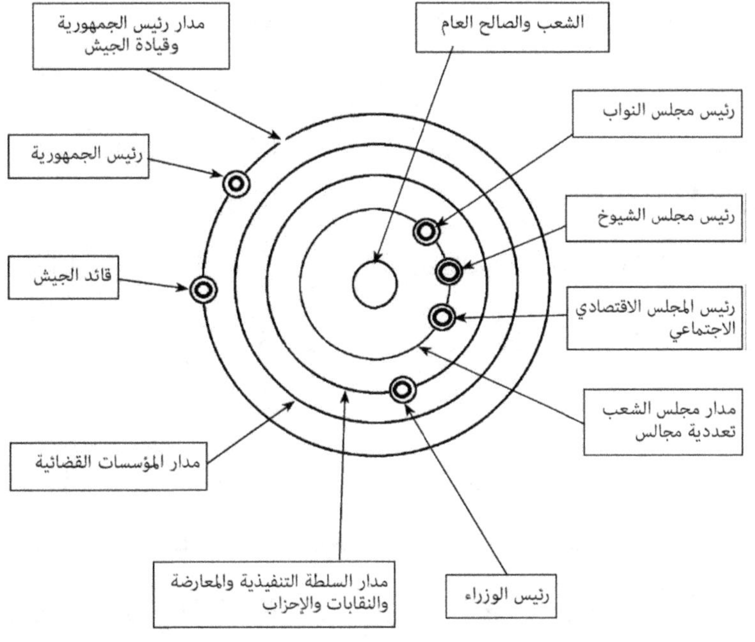

رسم ١٦ : رؤية الجمهورية الخامسة

---

(٦٦) من أقوال المونسنيور جان-مارون ، رحمه الله ، في إحدى عظاته في رعية مار جريس المارونية - البرج - بيروت .

خريطة التكاؤن اللبناني

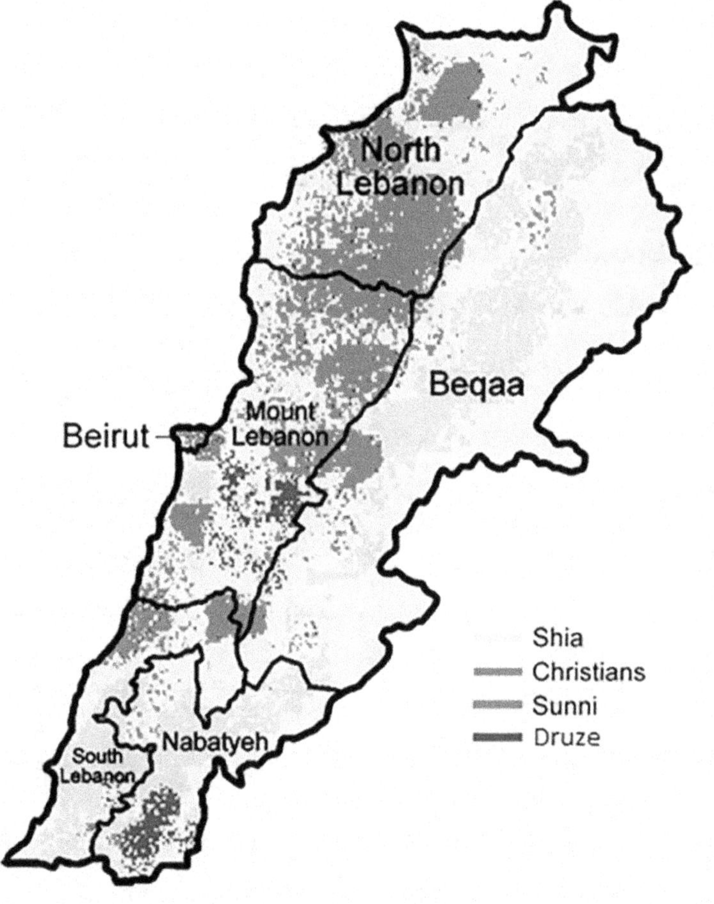

رسم ١٧ : خريطة تبيّن التواجد الجغرافي لمكوّنات لبنان بألوانها المختلفة ، لا الخلافية ، والتي شبّهها البابا القديس يوحنا بولس الثاني بالفسيفساء .

وثيقة الطائف

((1)) وردفيها المقدِّمة التالية للدستور

1 - المبادئ العامة.

أ- لبنان وطن سيد حر مستقل، وطن نهائي لجميع أبنائه، واحد أرضاً وشعباً ومؤسسات، في حدوده المنصوص عنها في الدستور اللبناني والمعترف بها دولياً.

ب - لبنان عربي الهوية والانتماء، وهو عضو مؤسس وعامل في جامعة الدول العربية وملتزم بمواثيقها، كما هو عضو مؤسس وعامل في منظمة الأمم المتحدة وملتزم بميثاقها. وهو عضو في حركة عدم الانحياز. وتجسد الدولة اللبنانية هذه المبادئ في جميع الحقول والمجالات دون استثناء.

ج - لبنان جمهورية ديمقراطية برلمانية، تقوم على احترام الحريات العامة، وفي طليعتها حرية الرأي والمعتقد، وعلى العدالة الاجتماعية والمساواة في الحقوق والواجبات بين جميع المواطنين دون تمايز أو تفضيل.

د - الشعب مصدر السلطات وصاحب السيادة يمارسها عبر المؤسسات الدستورية.

هـ - النظام قائم على مبدأ الفصل بين السلطات وتوازنها وتعاونها.

و - النظام الاقتصادي حر يكفل المبادرة الفردية والملكية الخاصة.

ز - الانماء المتوازن للمناطق ثقافياً واجتماعياً واقتصادياً ركن اساسي من اركان وحدة الدولة واستقرار النظام.

ح - العمل على تحقيق عدالة اجتماعية شاملة من خلال الاصلاح المالي والاقتصادي والاجتماعي.

ط - أرض لبنان أرض واحدة لكل اللبنانيين. فلكل لبناني الحق في الاقامة على أي

جزء منها والتمتع به في ظل سيادة القانون، فلا فرز للشعب على اساس أي انتماء كان. ولا تجزئة ولا تقسيم ولا توطين.

ي - لا شرعية لأي سلطة تناقض ميثاق العيش المشترك.

إلى أن يضع مجلس النواب قانون انتخاب خارج القيد الطائفي توزع المقاعد النيابية وفقاً للقواعد الآتية...

((2)) صلاحيات رئيس الجمهورية بحسب وثيقة الطائف:

رئيس الجمهورية هو رئيس الدولة ورمز وحدة الوطن. يسهر على احترام الدستور والمحافظة على استقلال لبنان ووحدته وسلامة أراضيه وفقاً لأحكام الدستور. وهو القائد الأعلى للقوات المسلحة التي تخضع لسلطة مجلس الوزراء. ويمارس الصلاحيات الآتية:

1 - يترأس مجلس الوزراء عندما يشاء دون ان يصوت.

2 - يرأس المجلس الأعلى للدفاع.

3 - يصدر المراسيم ويطلب نشرها. وله حق الطلب الى مجلس الوزراء اعادة النظر في اي قرار من القرارات التي يتخذها المجلس خلال خمسة عشر يوماً من تاريخ ايداعه رئاسة الجمهورية. فاذا أصر مجلس الوزراء على القرار المتخذ او انقضت المهلة دون اصدار المرسوم او اعادته يعتبر المرسوم او القرار نافذاً حكماً ووجب نشره.

4 - يصدر القوانين وفق المهل المحددة في الدستور ويطلب نشرها بعد اقرارها في مجلس النواب، كما يحق له بعد اطلاع مجلس الوزراء طلب اعادة النظر في القوانين ضمن المهل المحددة في الدستور ووفقاً لأحكامه، وفي حال انقضاء المهل دون اصدارها او اعادتها تعتبر القوانين نافذة حكماً ووجب نشرها.

5 - يحيل مشاريع القوانين، التي ترفع اليه من مجلس الوزراء، الى مجلس النواب.

6 - يسمي رئيس الحكومة المكلف بالتشاور مع رئيس مجلس النواب استناداً الى استشارات نيابية ملزمة يطلعه رسمياً على نتائجها.

7 - يصدر مرسوم تسمية رئيس مجلس الوزراء منفرداً.

8 - يصدر بالاتفاق مع رئيس مجلس الوزراء مرسوم تشكيل الحكومة.

9 - يصدر المراسيم بقبول استقالة الحكومة او استقالة الوزراء او اقالتهم.

10 - يعتمد السفراء ويقبل اعتمادهم. ويمنح أوسمة الدولة بمرسوم.

11 - يتولى المفاوضة في عقد المعاهدات الدولية وابرامها بالاتفاق مع رئيس الحكومة. ولا تصبح نافذة الا بعد موافقة مجلس الوزراء. وتطلع الحكومة مجلس النواب عليها حينما تمكنها من ذلك مصلحة البلاد وسلامة الدولة. اما المعاهدات التي تنطوي على شروط تتعلق بمالية الدولة والمعاهدات التجارية وسائر المعاهدات التي لا يجوز فسخها سنة فسنة، فلا يمكن ابرامها الا بعد موافقة مجلس النواب.

12 - يوجه عندما تقتضي الضرورة رسائل الى مجلس النواب.

13 - يدعو مجلس النواب بالاتفاق مع رئيس الحكومة الى عقد دورات استثنائية بمرسوم.

14 - لرئيس الجمهورية حق عرض أي أمر من الأمور الطارئة على مجلس الوزراء من خارج جدول الاعمال.

15 - يدعو مجلس الوزراء استثنائياً كلما رأى ذلك ضرورياً بالاتفاق مع رئيس الحكومة.

16 - يمنح العفو الخاص بمرسوم.

17 - لا تبعة على رئيس الجمهورية حال قيامه بوظيفته الا عند خرقه الدستور او في حال الخيانة العظمى.

((3)) هويـــة لبنان

-لبنان وطن سيد حر مستقل، وطن نهائي لجميع أبنائه، واحد أرضاً وشعباً ومؤسسات، في حدوده المنصوص عنها في الدستور اللبناني والمعترف بها دولياً.

-لبنان جمهورية ديمقراطية برلمانية، تقوم على احترام الحريات العامة، وفي طليعتها حرية الرأي والمعتقد، وعلى العدالة الاجتماعية والمساواة في الحقوق والواجبات بين جميع المواطنين دون تمايز أو تفضيل.

((4)) مجلس النواب هو السلطة التشريعية يمارس الرقابة الشاملة على سياسة الحكومة وأعمالها

يزاد عدد أعضاء مجلس النواب الى (108) مناصفة بين المسيحيين والمسلمين...

((5)) مع انتخاب أول مجلس نواب على أساس وطني لا طائفي يستحدث مجلس للشيوخ تتمثل فيه جميع العائلات الروحية وتنحصر صلاحياته في القضايا المصيرية

((6)) مجلس النواب.

مجلس النواب هو السلطة التشريعية يمارس الرقابة الشاملة على سياسة الحكومة وأعمالها:

1 – ينتخب رئيس المجلس ونائبه لمدة ولاية المجلس.

2 – للمجلس ولمرة واحدة بعد عامين من انتخاب رئيسه ونائب رئيسه وفي أول جلسة يعقدها ان يسحب الثقة من رئيسه او نائبه بأكثرية الثلثين من مجموع أعضائه بناء على عريضة يوقعها عشرة نواب على الأقل. وعلى المجلس في هذه

الحالة ان يعقد على الفور جلسة لملء المركز الشاغر.

3- كل مشروع قانون يحيله مجلس الوزراء الى مجلس النواب، بصفة المعجل، لا يجوز اصداره الا بعد ادراجه في جدول اعمال جلسة عامة وتلاوته فيها، ومضي المهلة المنصوص عنها في الدستور دون ان يبت به، وبعد موافقة مجلس الوزراء.

6- يزاد عدد اعضاء مجلس النواب الى (108) مناصفة بين المسيحيين والمسلمين. اما المراكز المستحدثة، على اساس هذه الوثيقة، والمراكز التي شغرت قبل اعلانها، فتملأ بصورة استثنائية ولمرة واحدة بالتعيين من قبل حكومة الوفاق الوطني المزمع تشكيلها.

((7)) مجلس الوزراء.

تناط السلطة الاجرائية بمجلس الوزراء. ومن الصلاحيات التي يمارسها:

1- وضع السياسة العامة للدولة في جميع المجالات ووضع مشاريع القوانين والمراسيم، واتخاذ القرارات اللازمة لتطبيقها.

2- السهر على تنفيذ القوانين والانظمة والاشراف على اعمال كل اجهزة الدولة من ادارات ومؤسسات مدنية وعسكرية وامنية بلا استثناء.

3- ان مجلس الوزراء هو السلطة التي تخضع لها القوات المسلحة.

4- تعيين موظفي الدولة وصرفهم وقبول استقالتهم وفق القانون.

5- الحق بحل مجلس النواب بناء على طلب رئيس الجمهورية، اذا امتنع مجلس النواب عن الاجتماع طوال عقد عادي او استثنائي لا تقل مدته عن الشهر بالرغم من دعوته مرتين متواليتين او في حال رده الموازنة برمتها بقصد شل يد الحكومة عن العمل. ولا يجوز ممارسة هذا الحق للأسباب نفسها التي دعت الى حل المجلس في المرة الاولى.

6- عندما يحضر رئيس الجمهورية يترأس جلسات مجلس الوزراء.

مجلس الوزراء يجتمع دورياً في مقر خاص. ويكون النصاب القانوني لانعقاده هو اكثرية ثلثي اعضائه. ويتخذ قراراته توافقياً، فاذا تعذر ذلك فبالتصويت. تتخذ القرارات بأكثرية الحضور. اما المواضيع الاساسية فإنها تحتاج الى موافقة ثلثي اعضاء مجلس الوزراء. ويعتبر مواضيع اساسية ما يأتي:

حالة الطوارىء والغاؤها، الحرب والسلم، التعبئة العامة، الاتفاقيات والمعاهدات الدولية، الموازنة العامة للدولة، الخطط الانمائية الشاملة والطويلة المدى، تعيين موظفي الفئة الاولى وما يعادلها، اعادة النظر بالتقسيم الاداري، حل مجلس النواب، قانون الانتخابات، قانون الجنسية، قوانين الاحوال الشخصية، اقالة الوزراء.

((8)) **المحاكم.**

أ- ضماناً لخضوع المسؤولين والمواطنين جميعاً لسيادة القانون وتأميناً لتوافق عمل السلطتين التشريعية والتنفيذية مع مسلمات العيش المشترك وحقوق اللبنانيين الأساسية المنصوص عنها في الدستور:

1- يشكّل المجلس الأعلى المنصوص عنه في الدستور ومهمته محاكمة الرؤساء والوزراء. ويُسنّ قانون خاص بأصول المحاكمات لديه.

2- يُنشأ مجلس دستوري لتفسير الدستور ومراقبة دستورية القوانين والبت في النزاعات والطعون الناشئة عن الانتخابات الرئاسية والنيابية.

3- للجهات الآتي ذكرها حق مراجعة المجلس الدستوري في ما يتعلق بتفسير الدستور ومراقبة دستورية القوانين:

أ- رئيس الجمهورية.
ب- رئيس مجلس النواب.
ج- رئيس مجلس الوزراء.
د- نسبة معينة من اعضاء مجلس النواب.

ب- تأميناً لمبدأ الانسجام بين الدين والدولة يحق لرؤساء الطوائف اللبنانية مراجعة المجلس الدستوري في ما يتعلق بـ:

1- الاحوال الشخصية.

2- حرية المعتقد وممارسة الشعائر الدينية.

3- حرية التعليم الديني.

ج- تدعيماً لاستقلال القضاء: ينتخب عدد معين من أعضاء مجلس القضاء الأعلى من قبل الجسم القضائي.

((9)) قانون الانتخابات النيابية.

تجري الانتخابات النيابية وفقاً لقانون انتخاب جديد على أساس المحافظة، يراعي القواعد التي تضمن العيش المشترك بين اللبنانيين وتؤمن صحة التمثيل السياسي لشتى فئات الشعب وأجياله وفعالية ذلك التمثيل، بعد إعادة النظر في التقسيم الإداري في إطار وحدة الأرض والشعب والمؤسسات.

((١٠)) الى ان يضع مجلس النواب قانون انتخاب خارج القيد الطائفي توزع المقاعد النيابية وفقاً للقواعد الآتية:

أ- بالتساوي بين المسيحيين والمسلمين.

ب- نسبياً بين طوائف كل من الفئتين.

ج- نسبياً بين المناطق.

((11)) الدائرة الانتخابية هي المحافظة.

((12)) انشاء المجلس الاقتصادي والاجتماعي للتنمية.

يُنشأ مجلس اقتصادي اجتماعي تأميناً لمشاركة ممثلي مختلف القطاعات في صياغة السياسة الاقتصادية والاجتماعية للدولة وذلك عن طريق تقديم المشورة والاقتراحات.

اللامركزية الادارية.

- توسيع صلاحيات المحافظين والقائمقامين وتمثيل جميع ادارات الدولة في المناطق الادارية على أعلى مستوى ممكن تسهيلاً لخدمة المواطنين وتلبية لحاجاتهم محلياً.

- اعتماد اللامركزية الإدارية الموسعة على مستوى الوحدات الإدارية الصغرى (القضاء وما دون) عن طريق انتخاب مجلس لكل قضاء يرأسه القائمقام، تأميناً للمشاركة المحلية.

- اعتماد خطة إنمائية موحدة شاملة للبلاد قادرة على تطوير المناطق اللبنانية وتنميتها اقتصادياً واجتماعياً، وتعزيز موارد البلديات والبلديات الموحدة والاتحادات البلدية بالإمكانات المالية اللازمة.

((13)) النظام الاقتصادي حر يكفل المبادرة الفردية والملكية الخاصة.

((14)) الانماء المتوازن للمناطق ثقافياً واجتماعياً واقتصادياً ركن اساسي من اركان وحدة الدولة واستقرار النظام.

- العمل على تحقيق عدالة اجتماعية شاملة من خلال الاصلاح المالي والاقتصادي والاجتماعي.

((15)) توفير العلم للجميع وجعله الزامياً في المرحلة الابتدائية على الأقل.

- اصلاح التعليم الرسمي والمهني والتقني وتعزيزه وتطويره بما يلبي ويلائم حاجات البلاد الانمائية والإعمارية، واصلاح أوضاع الجامعة اللبنانية وتقديم الدعم لها بخاصة في كلياتها التطبيقية.

ملحق

دراسة مفصلة عن لوائح الاقتراع في الانتخابات النسبية وطرق فرز الأصوات واحتسابها وتحديد الرابحين وتوزيع فضلات الأعداد. هذه من أفضل الدراسات، ونلفت إلى أن الدكتور أنطوان خَير قد نشر في المرجع المذكور من جريدة النهار دراسة من هذا النوع. إلا أننا فضلنا أن نعود إلى مراجع تتابع تطبيق هذا النوع من الانتخابات في أهم دول العالم، وتفرعاتها. ولكننا حكما، ضد فن النقل والتقليد وقد استشرفنا نمطا خاصا بالجمهورية الخامسة نضعه قيد النقاش في المؤتمر المرجو لتعديل الدستور الحالي ومعه قوانين الأحزاب والانتخاب والأحوال الشخصية التي لم نأت على ذكرها في هذا الكتاب. (نعتذر عن عدم ترجمة الدراسة احتراما لدقتها)

How Proportional Representation Elections Work?

By Douglas J. Amy

We in the United States are very used to our single-member district, winner-take-all style of elections. We've all grown up with a system where we elect members of our legislatures one at a time in small districts, with the winner being the candidate with the most votes. This system seems so "natural" that proportional representation (PR) elections may at first appear a bit strange to us. Adding to the potential confusion is the fact that there are several different kinds of PR systems in use around the world. But in reality, the principles underlying proportional representation systems are very straightforward and all of the systems are easy to use.

The Basic Principles of PR

The basic principles underlying proportional representation elections are that all voters deserve representation and that all political groups in society deserve to be represented in our legislatures in proportion to their strength in the electorate. In other words, everyone should have the right to fair representation.

In order to achieve this fair representation, all PR systems have certain basic characteristics – characteristics that set them apart from our current election system. First, they all use multi-member districts. Instead of electing one person in each district, as we do here in the U.S., several people are elected. These multi-member districts may be relatively small, with only three or four members, or they may be larger, with ten or more members. (The figures below illustrate districting maps for a hypothetical 50 - person state senate. Figure 1 shows 50 single-seat districts, as is common with plurality-majority systems. Figure 2 depicts 10 five-seat PR districts, and Figure 3 shows 5 ten-seat PR districts.)

1	1	1	1	1
1	1	1	1	1
1	1	1	1	1
1	1	1	1	1
1	1	1	1	1
1	1	1	1	1
1	1	1	1	1
1	1	1	1	1
1	1	1	1	1
1	1	1	1	1

Fig. 1
Fifty Single-Seat Districts

5 seats	5 seats
5 seats	5 seats
5 seats	5 seats
5 seats	5 seats
5 seats	5 seats

Fig. 2
Ten 5-Seat PR Districts

10 seats
10 seats
10 seats
10 seats
10 seats

Fig. 3
Five 10-Seat PR Districts

The second characteristic of all PR systems is that they divide up the seats in these multi-member districts according to the proportion of votes received by the various parties or groups running candidates. Thus if the candidates of a party win 40% of the vote in a 10 member district, they receive four of the ten seats – or 40% of the seats. If another party wins 20% of the vote, they get two seats, and so on.

That, in a nutshell, is how proportional representation works. But while all PR systems have the same goals of ensuring that all voters receive some representation and that all groups are represented fairly, various systems do have different ways of achieving these goals. So it is helpful to see how different kinds of PR systems work in practice.

Types of PR Systems

Party List Voting

Party list voting systems are by far the most common form of proportional representation. Over 80% of the PR systems used worldwide are some form of party list voting. It remains the system used in most European democracies and in many newly democratized countries, including South Africa.

How it works Legislators are elected in large, multi-member districts. Each party puts up a list or slate of candidates equal to the number of seats in the district. Independent candidates may also run, and they are listed separately on the ballot as if they were their own party (see below). On the ballot, voters indicate their preference for a particular party and the parties then receive seats in proportion to their share of the vote. So in a five-member district, if the Democrats win 40% of the vote, they would win two of the five seats. The two winning Democratic candidates would be chosen according to their position on the list.

There are two broad types of list systems: closed list and open list. In a closed list system--the original form of party list voting--the party fixes the order in which the candidates are listed and elected, and the voter simply casts a vote for the party as a whole. This is shown in the first ballot below, which illustrates an election for the House of Representatives in a five-seat district. Voters are not able to indicate their preference for any candidates on the list but must accept the list in the order presented by the party. Winning candidates are selected in the exact order they appear on the original list. So, in the example here, if the Democrats won two seats, the first two candidates on the pre-ordered list--Foster and Rosen-Amy--would be elected.

Closed Party List Ballot

Most European democracies now use the open list form of party list voting. This approach allows voters to express a preference for particular candidates, not just parties. It is designed to give voters some say over the order of the list and thus which candidates get elected. One version of this is illustrated in the ballot below. Voters are presented with unordered or random lists of candidates chosen in party primaries. Voters cannot vote for a party directly, but must cast a vote for an individual candidate. This vote counts for the specific candidate as well as for the party. So the order of the final list completely depends on the number of votes won by each candidate on the list. The most popular candidates rise to the top of the list and have a better chance of being elected. In our example, if the Democrats won 2 seats, and Volz and Gentzler received the highest and next highest number of individual votes, they would rise to the top of the list and be elected. This example is similar to the system used in Finland and widely considered to be the most open version of list voting.

Official Ballot Election for the United States House of Representatives District One				
Voting Instructions 1. You only have ONE vote. 2. Place an X in the box UNDER the party for whom you wish to vote.				
Democratic	Republican	Reform	Green	Independent Candidate
☐	☐	☐	☐	☐
1. Benjamin Foster	1. Wendy Berg	1.Steven Wong	1.Tom Wartenberg	1.Robert Moll
2. Sam Rosen Sami	2. Steve Groinic	2.Deborah Gorlin	2.Juan Hernandez	
3. Colin Volz	3. Sarah McClurg	3.Brad Crenshaw	3.Beata Panagopoules	
4. Benjamin Pike	4. Gerald Epstein	4.Daniel Czitron	4.Alice Morey	
5. Megan Gentzler	5. Fran Deutsch	5.Meryl Fingrud	5.Sarah Pringle	

Open Party List Ballot

A variety of different formulas exist for accomplishing the actual allocation of seats to the parties. One of the simplest seat allocation formulas is the called the "largest remainder formula." In this approach, the first step is to calculate a quota, which is determined by taking the total number of valid votes in the district and dividing this by the number of seats. In the example in the table below, 100,000 votes were cast and ten seats are to be filled. 100,000/10 = 10,000 – which is the quota. The quota is then divided into the vote that each party receives and the party wins one seat for each whole number produced. So the

Republican party received 38,000 votes, which is divided by 10,000 to produce three seats – with a remainder of 8,000. After this first allocation of seats is complete then the remainder numbers for the parties are compared and the parties with the largest remainders are allocated the remaining seats. In our example, two seats remain to be allocated and the Republicans and Moll, the independent candidate, have the largest remainders, so they get the seats. Ultimately all the parties end up with the number of seats that as closely as possible approximates their percentage of the vote.

Official Ballot

Election for the United States House of Representatives

District One

Voting Instructions

1. You only have ONE vote.
2. Place an X in the box next to the candidate for whom you wish to vote.
3. Your vote counts both for your candidate and your party.

Democratic	Republican	Reform	Green	Independent Candidate
Benjamin Pike	Fran Deutsch	Steven Wong	Tom Wartenberg	Robert Moll
Sam Rosen-Amy	Steve Grolnic	Deborah Gorlin	Juan Hernandez	
Megan Gentzler	Wendy Berg	Brad Crenshaw	Beata Panagopoules	
Ben Foster	Gerald Epstein	Daniel Czitrom	Alice Morey	

Largest Remainder Approach to Seat Allocation

Largest Remainder Approach to Seat Allocation

Parties	Votes	First Allocation Of Seats	Remaining Votes	Second Allocation of Seats	Final Seat Total	% of Vote to % of Seats
Republican	38,000	3	**8,000**	1	4	38% / 40%
Democratic	23,000	2	3,000	0	2	23% / 20%
Reform	21,000	2	1,000	0	2	21% / 20%
Green	12,000	1	2,000	0	1	12% / 10%
Moll	6,000	0	**6,000**	1	1	6% / 10%

Seat Allocation Using Largest Remainder Formula

Mixed-Member Proportional Voting

Mixed-member proportional representation goes by a variety of other names, including "the additional member system," "compensatory PR," the "two vote system," and "the German system." It is an attempt to combine a single-member district system with a proportional voting system. Half of the members of the legislature are elected in single-member district plurality contests. The other half are elected by a party list vote and added on to the district members so that each party has its appropriate share of seats in the legislature. Proponents claim that mixed-member proportional voting (MMP) is the best of both worlds: providing the geographical representation and close constituency ties of single-member plurality voting along with the fairness and diversity of representation that comes with PR voting.

This system was originally invented in West Germany right after World War Two, though since then it has also been adopted in several other countries, including Bolivia and Venezuela. It is still one of the least used PR systems, but in recent years it has begun to garner a great deal of attention. In fact, it is now one of the "hottest" systems being considered by those involved in electoral design. In part this growing attention is a result of MMP's unique claim to be a "compromise" between the two main rival systems. In the 1990s New Zealand abandoned its traditional single-member plurality system for MMP. Hungary also adopted this approach. Most recently, the newly formed parliaments of Scotland and Wales used this system for their first elections.

How it works? People cast votes on a double ballot--see the ballot below. First, on the left part of the ballot, they vote for a district representative. This part of the ballot is a single-member district plurality contest to see which person will represent the district in the legislature. The person with the most votes wins. Typically, half of the seats in the legislature are filled in this way. So, in a hypothetical 100-member state legislature, the winners of these district contests would occupy 50 of the seats.

On the right part of the ballot--the party list portion--voters indicate their choice among the parties, and the other half of the seats in the legislature are filled from regional lists of candidates chosen by these parties. The party lists are closed in the German version. These party list votes are counted on a national basis to determine the total portion of the 100-seat legislature that each party deserves. Candidates from each party's lists are then added to its district winners until that party achieves its appropriate share of seats. The following table illustrates how this process works for our hypothetical election. The Democrats won 40% of the party list votes in the 100-member state legislature, so they would be entitled to a total of 40 of the 100 seats. Since they already elected 28 of their candidates in district elections, they would then add 12 more from their regional party lists to come up to their quota of 40 seats.

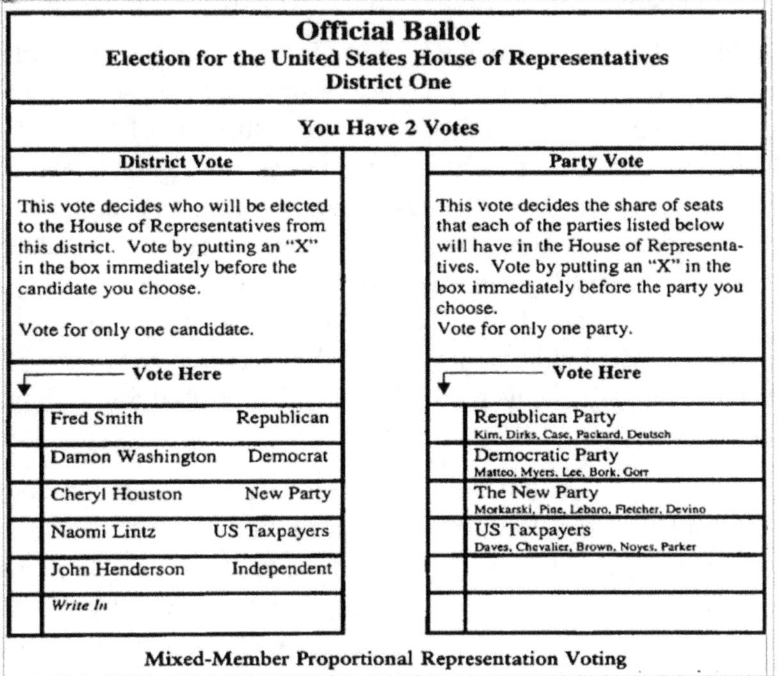
Official Ballot

Election for the United States House of Representatives
District One

You Have 2 Votes

District Vote	Party Vote
This vote decides who will be elected to the House of Representatives from this district. Vote by putting an "X" in the box immediately before the candidate you choose. Vote for only one candidate.	This vote decides the share of seats that each of the parties listed below will have in the House of Representatives. Vote by putting an "X" in the box immediately before the party you choose. Vote for only one party.
Vote Here	Vote Here
Fred Smith — Republican	Republican Party (Kim, Dirks, Case, Packard, Deutsch)
Damon Washington — Democrat	Democratic Party (Matteo, Myers, Lee, Bork, Gorr)
Cheryl Houston — New Party	The New Party (Morkarski, Pine, Lebaro, Fletcher, Devino)
Naomi Lintz — US Taxpayers	US Taxpayers (Daves, Chevalier, Brown, Noyes, Parker)
John Henderson — Independent	
Write In	

Mixed-Member Proportional Representation Voting

Allocation of Seat in MMP

In the German version two electoral thresholds are used, either of which a party must overcome to be allotted seats in the legislature. A party must either get 5% of the nationwide party list vote or win at least three district races in order for it to gain any seats in the legislature. In our hypothetical case, the New Party did not win any district seats, but they did win over 5% of the nationwide vote, so they deserve their share of legislative seats--which in this case would be six seats, all of which would be filled from the regional party lists.

Allocation of Seats in MMP

Political Parties	Number of District Seats Won	Percentage of the National Party List Vote	Total Number of Seats Deserved by Party	Number of Seats Added from Party Lists
Democratic	28	40%	40	12
Republican	18	36%	36	18
U.S. Taxpayers	4	18%	18	14
New Party	0	6%	6	6
Totals	50	100%	100	50

Voting Results and Seat Allocations in Mixed-Member Voting

Single Transferable Vote or Choice Voting

This system of proportional representation is known by several names. Political scientists call it "the single transferable vote." It is called the "Hare-Clark system" in Australia. In the United States, electoral reform activists have taken to calling it "choice voting." Currently this system is used to elect parliaments in Ireland and Malta. In Australia it is used to elect the federal Senate, as well as the legislatures in several states there. It is also the PR system that was used in a number of cities in the United States during the twentieth century, including New York, Cincinnati, Cleveland, Toledo, and Boulder. It continues to be used today in Cambridge, Massachusetts for elections to their city council and school board.

How it works? The voting process is illustrated by ballot below. All candidates are listed in the same place on the ballot. Instead of voting for one person, voters rank each candidate in their order of choice. So if you like Campbell best, you would mark the "1" after his name. If you liked Gomez second best, you would mark "2" by his name, and so on. You can rank as few or as many as you want. This ballot illustrates the use of the AccuVote system used in Cambridge, Massachusetts to elect its city council and school board. Voters fill in the ranking numbers as they would for standardized tests taken in school, which allows for computerized vote counting and ballot transfers.

Choice Voting Ballot

As the name "single transferable vote" implies, this system involves a process of transferring votes. To understand how the transfer process works, it may be best to start out with a simple analogy. Imagine a school where a class is trying to elect a committee. Any student who wishes to run stands at the front of the class and the other students vote for their favorite candidates by standing beside them. Students standing almost alone next to their candidate will soon discover that this person has no chance of being elected and move to another candidate of their choice to help him or her get elected. Some of the students standing next to a very popular candidate may realize that this person has more than enough support to win, and decide to go stand next to another student that they would also like to see on the committee. In the end, after all of this shuffling around, most students would be standing next to candidates that will be elected, which is the ultimate point of this process.

Official Ballot Municipal Elections											
INSTRUCTIONS TO VOTERS **Mark Your Choices by Filling in the Numbered Boxes Only** Fill in the number one [1] box next to your first choice; fill in the number two [2] box next to your second choice; fill in the number three [3] box next to your third choice, and so on. You may fill in as many choices as you please. Fill in no more than one box per candidate. Fill in no more than one box per column.	**Candidates for City Council District One (Three to be elected.)**		***Only one vote per candidate*** **Only one vote per column**								
	Douglas Campbell	Dem.	1	2	3	4	5	6	7	8	9
	Martha Dains	Rep.	1	2	3	4	5	6	7	8	9
	Terry Graybeal	Reform	1	2	3	4	5	6	7	8	9
	Robert Gomez	Dem.	1	2	3	4	5	6	7	8	9
	Cynthia Daniels	Indep.	1	2	3	4	5	6	7	8	9
	Robert Higgins	Rep.	1	2	3	4	5	6	7	8	9
	Write In		1	2	3	4	5	6	7	8	9
	Write In		1	2	3	4	5	6	7	8	9
	Write In		1	2	3	4	5	6	7	8	9

Single Transferable Vote (Choice Vote)

In the single transferable vote, votes are transferred around just as the students moved from candidate to candidate in the analogy. The exact order of the transfer process is illustrated in figure below. An example of how the votes are actually transferred is shown in the table that follows. For the sake of simplicity, assume that there is a three-seat district in which six people are running for office. The first step in the process is to establish the threshold: the minimum number of votes necessary to win a seat. The threshold usually consists of the total number of valid votes divided by one plus the number of seats to be filled, plus one vote. The formula looks like this: Threshold = (valid votes/1+seats) +1 vote. So, in our three- seat districts with 10,000 voters, a candidate would need 10,000/1+3 (which is 2,500) plus one more vote, for 2,501.

Ballot Transfer Process

The second step is to count all the number one choices to see if any candidates have reached the threshold of 2,501. As shown on the table below, the Democrat Gomez has 2,900 voters and he is declared elected. But Gomez actually has 399 more votes than he needs to win. These votes are considered wasted if they stay with Gomez, so they are transferred to the second choices on the ballot. (There are several ways to do this, but we needn't get into those details here.) In the second count, we see the effect of this transfer. The other Democratic candidate, Campbell, gets 300 of those second choice votes, and the independent candidate, Daniels, gets the other 99. The vote totals are now recalculated to see if anyone is now over the threshold. No one is, so the next transfer takes place. The candidate with the least chance to win is eliminated and his or her votes are transferred to their second choices. This candidate is Higgins, the Republican, and 500 of his votes are transferred to the other Republican candidate, Dains; and the other 100 votes are given to Daniels. Again the votes are recounted to see if anyone has reached the threshold. Dains has reached it with 2,800 votes and so she is declared elected. Once again her excess votes are redistributed to their second choices--200 to Graybeal, and 99 to Daniels. But still no one has reached the threshold, so again the lowest candidate is eliminated and those votes transferred. That candidate is Campbell, the Democrat, and 100 of his votes go to Graybeal, and 600 go to Daniels. This puts Daniels, the independent candidate, over the threshold with 2,698 votes, and she is the last one elected.

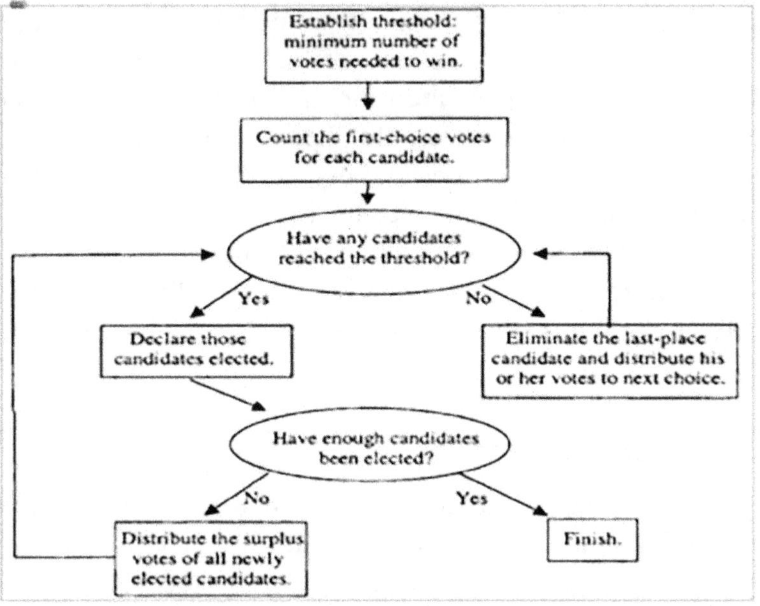

Diagram of Ballot Transfer Process

Ballot Count and Transfer Process

This transfer process is a bit complicated, so why does it exist? The transfer process was invented primarily to reduce the problem of wasted votes -- votes that are cast but do not actually elect anyone. Plurality-majority systems routinely waste large numbers of votes and this is why they are prone to such problems as party misrepresentation, and the under representation of political minorities, racial minorities, and women. The transfer process in STV is designed to ensure that the fewest votes are wasted and that the maximum number of people gets to elect a representative to office. It acknowledges that there are two kinds of wasted votes: votes for candidates that stand little chance of winning, and votes in excess of what a winning candidate needs. Transferring these votes to their next ranked choice makes it more likely that they will actually contribute to the election of a candidate.

Ballot Count and Transfer Process

Candidates	1st Count Number Of Votes	2nd Count Transfer of Gomez's votes and results	3rd Count Transfer of Higgins' votes and results	4th Count Transfer of Dains' votes and results	5th Count Transfer of Campbell's votes and results
Douglas Campbell (Dem.)	400	+300 700	700	700	---
Martha Dains* (Rep.)	2,300	2,300	+500 2,800	2,501	2,501
Terry Graybeal (Reform)	2,000	2,000	2,000	+200 2,200	+100 2,300
Robert Gomez* (Dem.)	2,900	2,501	2,501	2,501	2,501
Cynthia Daniels* (Ind.)	1,800	+99 1,899	+100 1,999	+99 2,098	+600 2,698
Robert Higgins (Rep.)	600	600	---	---	---

* Winning candidates

Simpler Than They Look

Again, to American eyes, these various PR systems often appear at first to be overly-complex and confusing. And while the mechanics of seat allocation can sometimes be complicated, the actual voting process is not intimidating at all and can be easily utilized by the average citizen. Voters need not understand all the mathematics of these systems to use them effectively. To use an analogy: you don't have to understand how all the electronic components in your car radio work in order to use it to find the kind of music you like.

The party list system, the mixed-member system, and the choice vote have all been used for decades in other Western democracies. Voters in these countries have had no trouble using these systems, as indicated by the very high voters turnout rates that these PR countries enjoy. Certainly, we could expect that American voters would easily master the use of these systems as well. [٦٧]

(67) http://www.mtholyoke.edu/acad/polit/damy/Beginnning Reading/howprworhtm [Accessed Feb 14, 2022] *Cf.* also: http://www.progress.org/propor02.htm

المراجع الورقية

- الكتاب المقدس، الطبعة الكاثوليكية، دار المشرق، بيروت 1994
- زينة، نبيل بهيج. الدستور اللبناني، بيروت، حزيران 1978
- تيّان، الدكتورة ندى. محاضرات في القانون الدستوري. أمانة شؤون المطبوعات في الجامعة اللبنانية، كلية الحقوق والعلوم السياسية والإدارية، 1977
- الخطيب، أنور. المجموعة الدستورية، مؤسّسة عاصي للأعلام والتوزيع، الطبعة الأولى 1970،
- القديس البابا يوحنا بولس الثاني، الإرشاد الرسولي رجاء جديد للبنان، 1997
- خريش، جوزيف. حروب الآلهة، المركز الكاثوليكي للإعلام، لبنان، 1984 - 1985
- روحانا، الأب ميخائيل، الجمهورية الثانية، إصدار خاص، بيروت، طبعة ثانية، 1988
- خير، الدكتور أنطوان. مقال صحافي، جريدة النهار (الأحد 17 نيسان 2005، السنة 72 - العدد 22278).
- روحانا، الأب ميخائيل، تحول المفاهيم في بناء الجمهورية - رسالة لبنان من أجل السلام في الشرق والعالم (نحو جمهورية لبنان الخامسة)، صادر ناشرون، بيروت، 2006

Vico, Giambattista. La Scienza Nova e Altri Scritti, a cura de Nicola Abbagnano, Classici della filosofia, Unione Tipografico-editrice torinese, Italia 1976, pp. 11 – 30.

Ernest, Renan. Mission en Phénicie 1865 – 1874.

المراجع الإلكترونية

http://en.wikipedia.org/wiki/Paradigm

https://www.brainyquote.com/quotes/james_baldwin_13177

https://en.wikipedia.org/wiki/tripartite_Accord_(Lebanon)

http://saaid.net/book/open,php?cat=7&book=2085

https://www.onefineart.com/internal-page/poet-said-akl/said-akl-lebanon-louayze

https://undocs.org/S/2005/673

http://www.mtholyoke.edu/acad/polit/damy/BeginnningReading/howprwor.htm

Other references for Proportional Electoral Law:

http://www.progress.org/propor02.htm

طبعة ثانية منقّحة ٢٠٢٣